TOUT LE MONDE MERITE D'ETRE RICHE

OLIVIER SEBAN

TOUT LE MONDE MERITE D'ETRE RICHE

OU TOUT CE QUE VOUS N'AVEZ JAMAIS APPRIS À L'ÉCOLE À PROPOS DE VOTRE ARGENT

MAXIMA
LAURENT DU MESNIL • EDITEUR

Créateur d'entreprise à 23 ans et millionnaire à 32, **Olivier Seban** partage son temps entre la gestion de son patrimoine (immobilier, bourse...) et l'animation de conférences et de séminaires au cours desquels il partage son expérience financière et explique les techniques et les stratégies mais surtout les attitudes qui permettent de prospérer dans un monde économique en constante évolution.
Auteur de plusieurs ouvrages de référence sur la bourse, il doit aujourd'hui sa notoriété grandissante à ses talents de pédagogue et à la démonstration qu'il a faite que chacun d'entre nous peut accéder à la réussite financière et économique et que celle-ci n'est pas réservée à un petit groupe d'initiés.
L'auteur peut être contacté à l'adresse suivante :
olivier.seban@maxima.fr

infos/nouveautés/catalogue : **www.maxima.fr**

MAXIMA
LAURENT DU MESNIL EDITEUR

192, bd Saint-Germain, 75007 Paris
Tél. : + 33 1 44397400 – Fax : + 33 1 45484688

ISBN : 2-84001-449-1

SOMMAIRE

AVERTISSEMENT

Les exemples et stratégies décrits dans cet ouvrage ne peuvent être considérés comme des modèles absolus et reproductibles à l'identique. Ils ne servent que d'illustration aux propos de l'auteur, et ne peuvent en aucun cas être considérés comme de quelconques incitations, recommandations, sollicitations, prévisions, conseils d'achat ou de vente de produits financiers, immobiliers ou spéculatifs.

INTRODUCTION

FAUSSES CROYANCES ET RÉALITÉS

Si l'argent ne fait pas le bonheur, rendez-le... !
Jules Renard

« Pourquoi certains d'entre nous sont-ils capables de s'enrichir, alors que d'autres n'y arriveront jamais? » Les obstacles sont-ils d'ordre matériel, spirituel ou psychologique? Avec le recul, j'ai acquis la certitude que seuls ceux qui ne savent pas ce qu'ils doivent faire pour s'enrichir n'y arriveront jamais, et que l'enrichissement est à la portée de tous à condition de posséder une éducation adaptée au sujet et d'avoir la volonté d'y arriver.

La bonne nouvelle: quand on ne sait pas nager, on peut toujours apprendre à le faire!

C'est pour cette raison que ce livre ne parle pas uniquement de votre argent mais de ce que vous devez faire pour le mettre à votre service et vous enrichir durablement.

Avant toute chose, il est nécessaire de laisser tomber vos *a priori* et tout ce que l'on vous a mis dans le crâne au sujet de l'argent et de son côté sulfureux. Ces croyances ne servent que d'alibis pour se conformer à une éducation parentale, scolaire, spirituelle et économique fondée sur la méfiance à son égard et l'ignorance de principes élémentaires qui régissent son fonctionnement. Elles ne font que nourrir et renforcer des convictions erronées, trop communément admises, qui nous incitent à prendre les mauvaises décisions ou exprimer des avis bien trop tranchés sur le sujet.

D'une manière générale, la plupart de ces *grandes idées* sont fausses et ne font que générer des attitudes inadaptées à notre vie moderne. La conséquence directe de l'application de ces croyances et mensonges est un accroissement inéluctable des écarts entre les riches et les pauvres.

Deux paradoxes démontrent bien l'ambiguïté de nos comportements à l'égard de l'argent :

- bien que la plupart d'entre nous le convoitent officieusement, l'argent est officiellement détesté. Par les pauvres pour justifier qu'ils n'en ont pas. Par les riches qui jugent plus prudent de vivre cachés ;
- tout le monde veut gagner de l'argent, mais peu de personnes essayent vraiment de comprendre son fonctionnement pour en tirer le meilleur parti. Ce comportement timoré relevant plus souvent de l'ignorance des mécanismes de base ou de la peur du *qu'en-dira-t-on*.

Pourtant, l'argent est utilisé au quotidien par chacun d'entre nous. À la différence que les « riches » savent le mettre à leur service et ne se posent pas de questions pour leur avenir, alors que les plus « pauvres » le convoitent dès le 10 du mois et redoutent de le perdre dès qu'il faut l'utiliser en dehors du quotidien. Cette réaction craintive aura souvent pour effet de paralyser ou de freiner leurs actions au moment opportun. Ainsi, ils manquent les opportunités qui pourraient les aider à *changer de camp*.

C'est parce que nous avons tous besoin de manger et de nous loger que notre vie en société est avant tout économique, et que l'argent est omniprésent dans notre quotidien. Ce qui implique que notre qualité de vie sera inévitablement la conséquence de nos actes et de nos décisions économiques. Dès lors, il nous reste deux solutions : le bouder ou l'apprivoiser.

Si vous tenez réellement à vous enrichir mais que vous êtes fâché avec l'argent, vous avez intérêt à vous réconcilier rapidement. En effet, si vous ne l'aimez pas un minimum, si vous n'apprenez pas à le connaître, il y a peu de chance qu'il daigne travailler pour vous.

L'enrichissement c'est avant tout une grande aventure humaine et une expérience de vie souvent unique (dans tous les sens du terme). Mais force est de constater que peu de choses nous préparent à la vivre correctement, et sûrement pas l'école qui renforce son aspect mystique par le simple fait que le thème de l'argent n'est jamais abordé en classe. École qui se borne à dispenser une connaissance adaptée à la vie professionnelle, tout en « oubliant » l'aspect économique du quotidien. Résultat, et sans connaissance préalable des mécanismes de l'argent, la plupart des jeunes sont happés par la société de consommation et n'hésitent pas à contracter des crédits à tort et à travers pour se payer les jouets de la vie moderne. Conséquence : on observe une explosion du surendettement chez les moins de 25 ans.

Pire encore, ceux-ci entrent dans la vie active en reproduisant les schémas parentaux sans se poser de questions. Ils travaillent toute leur vie pour payer leurs factures, rembourser leurs crédits, acquitter leurs impôts, et comptent sur l'État pour assurer leur retraite. Au final, ils ne travaillent plus pour vivre, mais vivent uniquement pour travailler.

Argent, tabous et fausses croyances

À l'inverse des Anglo-Saxons, beaucoup moins complexés sur le sujet, je ne vous apprendrai rien en déclarant que l'argent est mal vu dans nos sociétés judéo-chrétiennes. Ce blocage typiquement latin, conséquence de l'héritage spirituel d'un certain nombre de *certitudes* plus ou moins bien assumées, s'avère être un puissant frein à l'enrichissement. Et que ce soit au travers des religions, des sectes ou d'autres instances manipulatrices, une bonne partie du monde repose sur de fausses croyances, rarement vérifiées, qui se révèlent génératrices de comportements biaisés et inadaptés. L'argent n'échappe pas à la règle. Et pour toutes les raisons déjà évoquées et sur lesquelles je reviendrai plus loin, j'estime que tout ceci représente un danger réel.

D'une manière générale ces comportements reposent sur des croyances essentiellement d'ordre psychologique ou comportemental que l'on appelle croyances limitatives. Celles-ci ne font qu'ériger des barrières qui nous empêchent d'agir en générant des fausses excuses du type : « je n'y arriverai pas, je n'ai pas le temps, je n'ai pas les moyens », souvent parce qu'il est plus facile de ne pas savoir, de ne pas agir et de ne rien changer. Ou encore, par conformisme, facilité et tranquillité d'esprit, nous avons tendance à reproduire les schémas parentaux, parce que ne pas changer notre modèle principal (celui de nos parents) c'est, en principe, ne pas prendre de risque ! Donc pas de remise en cause et nous restons dans les cercles vicieux.

Ces fausses croyances nous paralysent et sont généralement infondées. Et si nous nous référons aux études économiques qui rapportent que 20 % de la population détiennent 80 % des richesses, nous pouvons logiquement penser que ces croyances sont perpétuées par la plus grande majorité qui ne fait que véhiculer des idées incitant la reproduction de modèles habituels et inefficaces, jamais remis en question. Au final, elles ne font que générer des comportements qui vont à l'encontre de nos objectifs de richesse. Elles sont pourtant communément admises et enfouies dans ce que j'appellerais notre *subconscient actif* relatif aux actions que nous effectuons quotidiennement sans y réfléchir.

Penchons-nous sur les plus importantes et regardons en quoi nous pouvons modifier notre comportement pour atteindre nos objectifs.

Croyance n° 1 : L'argent ne fait pas le bonheur : FAUX !

Certainement la plus grosse escroquerie morale de tous les temps ! Si vous avez besoin de vous en convaincre, demandez à un pauvre ce qu'il en pense. Seuls les utopistes croient ou veulent encore croire que l'argent n'a rien à voir avec le bonheur. Je ne sais pas d'où vient cette croyance, certainement de riches qui ne veulent pas vendre la mèche, mais si l'argent ne fait pas le bonheur à lui seul, je pense que beaucoup d'entre vous seront d'accord pour dire qu'il y contribue fortement.

Indéniablement, si vous savez l'utiliser pour le bien-être de ceux que vous aimez, il sera sans aucun doute votre plus fidèle allié. Il vous permettra d'évacuer la peur du lendemain, de profiter de la vie et de ses plaisirs en apportant une sérénité propice à l'épanouissement de chacun.

Croyance n° 2 : L'acquisition de richesses se fait au détriment des autres : FAUX !

Cette idée typiquement issue de notre éducation judéo-chrétienne sert avant tout d'alibi pour justifier une politique d'inaction ou générer des avis négatifs envers ceux qui essayent de s'enrichir. Je remarque surtout qu'il est plus facile de dénigrer ceux qui agissent que d'agir soi-même.

Ce type de croyance permet également de justifier son ignorance de l'argent, et d'être bien vu par la majorité bien-pensante. En réalité, la plupart des investissements que vous serez amené à réaliser seront purement et essentiellement basés sur des relations gagnant/gagnant. Lorsque vous achetez des actions en bourse, même si vous ne savez pas exactement qui vous les vend (c'est noyé dans le flux des transactions), vous n'avez pas lésé le vendeur. Généralement il met ses actions en vente parce qu'il estime qu'elles vont baisser et/ou que le gain réalisé lui suffit. De votre côté, vous décidez de les acheter car vous pensez qu'elles vont monter. Même si chacune des deux parties a une raison diamétralement opposée à celle de l'autre de concrétiser cette transaction, aucune des deux n'a été flouée.

Croyance n° 3 : S'enrichir demande beaucoup de temps : FAUX !

Une croyance de fainéant ! Hormis quelques cas très spécifiques, je ne connais personne qui se soit enrichi en quelques jours. Un minimum de temps est nécessaire pour laisser grandir les arbres qui porteront les fruits de votre richesse. Ne croyez pas pour autant que cet enrichissement prendra vingt ou trente ans. Dans beaucoup de cas, vous pouvez vous enrichir en une dizaine d'années, et générer suffisamment de richesse pour entrevoir un avenir plus serein.

En ce qui concerne le temps de travail requis pour s'enrichir, il est évident que cela ne tombera pas tout seul dans votre poche et que vous devrez y consacrer un peu temps. Disons trente minutes par mois... et encore, pas tous les mois! Dans la pratique s'enrichir ne prend pas plus de temps que de s'appauvrir. C'est surtout et avant tout une façon d'appréhender les choses. Seul le mode de pensée et la nature de ces pensées détermineront le comportement que vous adopterez vis-à-vis de l'argent, et vous conduiront dans une direction ou une autre.

Croyance n° 4: Il faut déjà avoir de l'argent pour s'enrichir: FAUX!

Encore une fausse croyance qui limite l'action. En adhérant à ce principe, vous sous-entendez qu'en naissant pauvre ou désargenté, il est inutile d'essayer de s'enrichir. Toutes les stratégies d'enrichissement que je vous propose dans ce livre partent du principe que vous n'avez aucun patrimoine, et je vous démontrerai sans ambiguïté qu'il est possible de s'enrichir en suivant des stratégies simples et accessibles à tous. Par-dessus tout, vous découvrirez qu'en matière d'argent beaucoup de personnes ordinaires sont capables de faire des choses extraordinaires.

La seule chose dont vous aurez besoin c'est le désir d'y arriver, pas d'argent.

Croyance n° 5 : Pour prospérer, il suffit d'avoir un bon métier : FAUX !

Rappelez-vous ce que disaient vos parents (ou ce que vous dites peut-être à vos enfants) : « Travaille bien à l'école, pour avoir un bon métier ». C'est ce que la plupart des parents répètent à leurs enfants. Parce que c'est un schéma rassurant (surtout pour eux), que de disposer d'une paye qui tombe tous les mois. Pourtant, si vous voulez vraiment vous enrichir la réalité est tout autre. Lisez les journaux économiques ou *people*, qui relatent la réussite de Monsieur X ou Y. Aucun article ne mentionnera qu'ils ont fait fortune en allant au travail sagement chaque jour de la semaine.

Je ne suis pas en train de vous dire que vous ne pourrez pas vous enrichir même si vous travaillez dans l'administration. Je dis seulement qu'il y a peu de chance que vous arriviez à vous enrichir avec votre seul salaire. En revanche, comme tous ceux qui n'ont pas de patrimoine, votre emploi et/ou votre capacité de travail représentent un actif important qui, correctement utilisé, sera votre première source de richesse. Je vous montrerai comment l'utiliser au mieux pour évoluer et franchir les barrières.

La vraie réponse, et une des solutions à l'enrichissement, ce n'est pas de travailler dur mais de travailler intelligemment. Travailler plus dur peut être générateur d'augmentation, mais c'est surtout **la façon dont vous utiliserez votre argent** qui **décidera de votre avenir**. Le but est d'avoir deux emplois : un pour vous, un autre pour votre argent. Faites en sorte de l'utiliser au mieux et il deviendra votre plus fidèle serviteur et travaillera pour vous sans relâche 24 h sur 24, 7 jours sur 7.
Et ne pensez pas que vous aurez besoin de beaucoup de temps ou d'énergie. Paradoxalement, vous découvrirez que l'enrichisse-

ment intelligent c'est surtout lorsque vous faites un minimum d'efforts pour un maximum de résultats (voir plus loin PEGR et GEPR).

Nous sommes condamnés à nous enrichir

Le 28 avril 2005, *Libération* faisait mention d'un rapport du CERC (Centre d'Étude des Revenus et des Coûts) dans un article titré « Pour un salaire t'as plus rien ». Je vous rapporte ici cet article :

> *Le niveau de vie des ménages qui ont leur salaire pour seul revenu s'est effondré depuis 20 ans, affirme jeudi une étude du CERC selon laquelle la « condition salariale » est aujourd'hui comparable à ce qu'elle était il y a un demi-siècle. « Les récentes revendications salariales ne sont pas le fruit d'une illusion d'optique liée à l'annonce de profits boursiers records », souligne l'étude. Le salaire net moyen « n'a guère connu de progression » du pouvoir d'achat depuis la fin des années 1970.*
>
> *Au total, sur les 25 dernières années, les gains du pouvoir d'achat sont restés minimes, de l'ordre de 0,2 à 0,3 % par an, « largement inférieurs à l'évolution du niveau de vie moyen en France », souligne le CERC. « Cette quasi-stagnation du pouvoir d'achat du salaire net moyen est d'autant plus remarquable que le niveau moyen de qualification de la main-d'œuvre salariée n'a cessé d'augmenter tout au long de la période », relève l'étude.*
>
> *À structure de qualification constante, le salaire net moyen a donc connu une perte de pouvoir d'achat comprise entre 4 et 8 % depuis 1978, estime le CERC. Cette détérioration a touché tous les salariés, qu'ils travaillent dans le secteur privé ou dans la fonction publique.*

Au total, le niveau de vie des ménages n'ayant que leur salaire comme revenu a « fortement chuté » depuis 1982. Très rapide dans la première moitié des années 1990, elle a marqué une pause à partir de 1997, avant de reprendre en 2002 et 2003. « Aujourd'hui, la place des ménages de salarié ou de chômeur dans l'échelle des niveaux de vie est comparable à celle qui prévalait au milieu des années 1950 », affirme le CERC.

Cet état de fait n'est pas seulement réservé à la France. Dans tous les pays, les constats sont identiques :

- les riches sont de plus en plus riches,
- les pauvres sont de plus en plus pauvres,
- les écarts continuent de se creuser.

Et ce n'est pas près de changer…

Heureusement, la situation n'est pas irrémédiable mais, à moins de gagner au loto (environ 1 chance sur 14 millions) ou d'hériter d'un oncle inconnu, votre escarcelle ne se remplira pas toute seule. C'est à vous de prendre votre destin financier en main.

Si vous voulez vous enrichir pour assurer votre avenir et celui de vos enfants, ou si vous tenez à leurs laisser quelque chose après votre mort, il faut agir. Et si vous pensez que l'État sera toujours là pour s'occuper de votre santé et de vos retraites, vous vous mettez le doigt dans l'œil. L'État ne sait faire qu'une seule chose…

L'État fabrique des pauvres toujours plus dépendants de sa capacité à régler les problèmes…

Ne vous faites aucune illusion. Il est fort probable que nous nous approchions de la fin de l'État providence. Depuis des dizaines d'années, celui-ci démontre son incapacité à régler le problème du chômage, des retraites, de la santé, et ne cesse d'augmenter les différents impôts et taxes pour masquer son incompétence et combler les déficits de ses institutions. À terme, les différentes prestations seront profondément remodelées et transformées, voire réduites. Et ce n'est pas parce que les syndicats appelleront à la grève générale que les caisses se rempliront.

Avec 13 milliards de déficit, notre bonne vieille Sécu est devenue l'*Insécurité sociale*. Il est évident qu'elle ne pourra pas éternellement subvenir aux besoins de tous avec la même qualité de soins. Ce sont essentiellement les pauvres et les classes moyennes qui en souffriront le plus et payeront les pots cassés. À l'image des dernières réformes qui imposent de participer aux frais de consultation et d'hospitalisation forfaitairement sans discrimination entre riches et pauvres. Le riche, moins dépendant, s'en fiche et s'octroie les services d'un spécialiste. Les pauvres payent et souffrent.

Même constat pour les retraites. L'allongement du délai de cotisation affectera surtout les pauvres qui travailleront plus dur et plus longtemps. Ce qui implique, mathématiquement, qu'ils profiteront moins de leur retraite, bien qu'ils auront payé leur part et contribué à payer aussi celle des riches.

Idem pour les allocations chômage. Les Assedic et Unedic affichent un déficit abyssal de 14 milliards d'euros ! Les remarques précédemment formulées pour la Sécurité sociale restent identiques et parfaitement valables. Avec cette petite parenthèse : à mon sens, les prestations chômage sont trop attractives et n'incitent pas au travail. Elles devraient aider celui qui perd son emploi à vivre en attendant d'en retrouver un, pas remplacer son salaire. À trop tirer sur la corde celle-ci cédera! Si les abus continuent, il n'y aura plus d'assurance-chômage pour les générations à venir.

Je ne cherche pas à critiquer les gouvernements. Je ne fais qu'a-nalyser les choses et regarder l'impact économique possible pour chacun d'entre nous. Les hommes politiques changeront, peut-être, les lois pour s'adapter aux différents contextes à venir. D'ici là, le citoyen lambda a sérieusement intérêt à penser à son avenir et arrêter de croire que *Aide-toi et le gouvernement t'aidera*.

Moralité: Vous devez vous prendre en charge. Si vous ne prenez pas le contrôle de votre vie, quelqu'un d'autre le fera à votre place. Soyez conscients que les résultats et les conséquences dépendront uniquement de ses aptitudes, de sa bonne volonté ou de son éthique. Si vous êtes dépendant de l'efficacité des autres, vous êtes en danger, ou alors vous croyez encore au père Noël.

L'actualité illustre chaque jour un peu plus la création insidieuse d'un potentiel de précarité. Je ne dis pas que tout sera aussi noir ni que le pire arrivera. Mais pourquoi prendre ce risque? D'autant plus qu'il n'est pas vraiment difficile de se prémunir contre les aléas de la vie. Les solutions existent et passent obligatoirement par un enrichissement personnel qui vous permettra de gagner votre indépendance.

Enrichissez-vous

Passons aux aspects positifs et à la première bonne nouvelle: il est possible de s'enrichir, c'est accessible à la plupart d'entre nous et cela n'a jamais été aussi facile. À condition toutefois d'être réellement motivé, d'en avoir la volonté, le désir, et d'être intimement convaincu qu'il est possible d'y arriver. Bien sûr tout le monde veut être riche, mais votre compte en banque ne se remplira pas par l'opération du Saint-Esprit. Seuls vos actes et vos décisions rendront cela possible.

Je sais par expérience que certains d'entre vous considéreront ce livre comme une simple aventure intellectuelle et qu'ils l'oublieront aussi vite qu'ils l'ont découvert, alors que d'autres prendront plus au sérieux tout ce que je dévoilerai. Dans tous les cas, surtout si vous êtes convaincu de son intérêt, n'hésitez pas à partager son contenu avec d'autres.

Appliquez les principes que je présenterai et vous prendrez en main votre avenir en bâtissant les fondations d'une liberté financière que beaucoup vous envieront. Certains d'entre vous seront sceptiques à la lecture de cette dernière affirmation et douteront qu'on puisse s'enrichir durablement grâce à un livre à vingt euros. Ils ont raison ! Soyez sceptique et n'acceptez d'être convaincu que lorsque vous aurez vérifié par vous-même tout ce qui sera énoncé. C'est la seule façon d'intégrer correctement ces nouvelles connaissances.

Objectifs du livre

Vous trouverez dans ce livre tout ce qu'aucune école ne vous a jamais appris sur l'argent. Prenez mon cas : je n'étais pas un cancre mais mon manque d'affinité avec les études m'a conduit à être renvoyé trois fois de l'école (5e, Seconde et Terminale). Pourtant j'étais financièrement indépendant et millionnaire à trente-deux ans. Je ne suis pas en train de vous dire qu'il ne faut pas aller à l'école. Bien au contraire. Je considère qu'une bonne éducation est un sérieux atout pour prospérer, mais insuffisant pour s'enrichir. Seules une éducation financière et une connaissance adaptée vous permettront de développer votre potentiel économique dans les meilleures conditions.

Ce livre n'a pas pour vocation de faire de vous un multi milliardaire. Les *super riches* ne sont que des cas particuliers (400 sur la planète) et ne nous intéressent pas directement. En revanche vous allez découvrir qu'il est relativement facile de commencer à s'enrichir, et d'assurer son avenir en gagnant quelques dizaines ou centaines de milliers d'euros dans les dix années à venir.

Cet ouvrage n'est pas uniquement réservé à ceux qui veulent passer du bon côté de la barrière et s'enrichir. Il est également destiné à tous ceux qui veulent apprendre à garder leur argent et à le faire fructifier. Dans les pages qui suivent, vous ne trouverez que du concret, du pragmatique et surtout des stratégies qui fonctionnent réellement. La plupart des exemples cités sont réels avec preuves à l'appui pour certains. Les différentes conclusions et remarques s'appuient sur des expériences vécues ainsi que sur des réalités économiques.

Vous découvrirez également qu'il n'y a aucune formule magique, seulement des schémas gagnants facilement reproductibles. Plus vite vous les intégrerez, plus rapidement vous construirez les fondations de votre avenir et de votre enrichissement.

Vous êtes déjà riche mais vous ne le savez pas

Le but avoué de ce livre est de fournir un mode d'emploi pour l'élément central de notre vie économique : l'argent. Il vous aidera à modifier vos comportements pour les adapter à vos objectifs et à penser en *riches*. Vous apprendrez à mettre en œuvre toutes vos ressources personnelles et à matérialiser la valeur que nous avons tous en nous, à commencer par notre travail qui représente notre premier actif.

Je vous montrerai comment utiliser les meilleurs véhicules d'enrichissement que les riches affectionnent, et surtout vous découvrirez qu'ils sont accessibles à tous.

J'ai essayé de rendre cet ouvrage attrayant et facile à lire pour que vous vous y intéressiez le plus possible. Vous ne trouverez aucun livre (en tout cas à ma connaissance) qui explique aussi concrètement comment vous pouvez vous enrichir et prospérer. J'espère que celui-ci sera un précurseur en la matière.

Première précision : la vision du monde que j'exprime dans ce livre est très binaire. Vous êtes riche ou pauvre. S'il vous plaît, ne soyez pas choqué si j'emploie ces mots de façon trop catégorique. Je ne présage en rien de votre fortune ou infortune. Ces mots sont uniquement là pour qualifier des comportements types. Je sais que le monde n'est pas noir ou blanc et qu'il existe une infinité de possibilités entre ces deux extrêmes.

Deuxième précision : la plupart des exemples cités me concernent plus ou moins directement. Le but n'est pas d'écrire un livre destiné à ma gloire personnelle, mais de démontrer qu'il est réellement possible de s'enrichir et que ce n'est pas très compliqué.

Imaginons maintenant que vous assistiez à l'un de mes séminaires « Comment s'enrichir en 10 leçons ».

Chapitre 1

UN PREMIER PAS VERS LA RICHESSE

La connaissance : le plus court chemin
entre la pauvreté et la richesse.

Comment devient-on riche ?

Pour commencer ce séminaire je voudrais vous poser une question :
« Pourquoi certains individus sont-ils capables de s'enrichir, alors que d'autres n'y arriveront jamais, même en faisant beaucoup d'efforts ? »

« Parce qu'ils sont plus malins que les autres. »

Cela peut être vrai, mais comment définissez-vous le mot « malin » ?

La personne hésite et finit par dire : « *Disons que malin veut dire intelligent* ».

Admettons. Dans ce cas combien de personnes de votre entourage sont à la fois riches et intelligentes ? Pas de réponse… En réalité plusieurs études ont démontré qu'il n'y avait aucune corrélation entre les personnes dites intelligentes et les personnes riches.

Mon interlocuteur persévère et reprend : « *Alors disons que intelligent signifie cultivé* ».

Très bien. Alors combien de personnes connaissez-vous qui sont à la fois très cultivées et riches? 5, 10, 20? Si la richesse était le propre des savants, cela tendrait à dire que la plupart des instituteurs, professeurs, chercheurs et autres érudits sont riches. Pourtant il a été maintes fois prouvé, et je vous le démontrerai plus loin, que le niveau de richesse n'est absolument pas lié au niveau de culture. Ceci ne veut pas dire que les individus cultivés ont moins de chance de devenir riches, mais que la culture générale n'est pas un préalable obligatoire.

« *Certains s'enrichissent parce qu'ils sont toujours au bon endroit au bon moment.* »

Vous voulez dire qu'ils sont chanceux?

« *Euh... Oui, ils ont plus de chance que d'autres.* »

La chance a effectivement sa place et le sujet est intéressant. Nous y reviendrons en détail un peu plus loin (chapitre 8). Pour le moment répondons à cette nouvelle question. Connaissez-vous quelqu'un qui doit sa richesse au simple fait qu'il est suffisamment chanceux pour gagner régulièrement aux courses ou au casino? Autres propositions?

« *On devient riche en héritant.* »

C'est vrai. Mais en pratique, on s'aperçoit que peu de personnes en bénéficient. Savez-vous que 50 % des gens finissent leur vie avec moins de 100 000 euros de patrimoine? Euros qui seront partagés entre les héritiers, sans compter la part que prélèvera l'État. En tenant compte que nous vivons toujours plus longtemps, il est peu probable que vous puissiez vous enrichir en héritant. Ce qui vous donne une raison supplémentaire de le faire par vous-même pour vous offrir une vie meilleure et une retraite paisible. Même si l'héritage est une source de richesse, il reste un cas marginal.

« *Quelques personnes deviennent riches parce qu'elles possèdent un talent particulier. Par exemple ils sont sportifs, acteurs, inventeurs ou compositeurs de chansons à succès.* »

Tout à fait exact. Certains atteignent la richesse parce qu'ils exploitent un don que d'autres n'ont pas. Mais plus encore que l'héritage, l'enrichissement par le talent reste un cas très exceptionnel et ne concerne qu'une très faible partie de la population. Saviez-vous qu'en 2000, il y avait seulement dix millions de personnes dans le monde qui possédaient plus d'un million d'euros? Pourtant il n'y pas un million de Bruce Willis, de Zidane ou de Mick Jagger…

Nous n'avons toujours pas répondu à la question du début: pourquoi certains sont-ils capables d'acquérir de la richesse, alors que d'autres n'y arriveront jamais, même en faisant beaucoup d'efforts? Maintenant que nous avons éliminé les cas particuliers, quelqu'un a-t-il une autre proposition?

Le secret

Voici le véritable secret de l'enrichissement. Il est tellement simple que vous allez tous penser que c'est évident. Il tient en quelques mots:

Certains deviennent riches parce qu'ils savent comment acquérir de la richesse

Ils savent comment faire, tout simplement parce qu'ils ont appris à le faire auprès d'une autre personne ou par eux-mêmes. Je répète : ils sont devenus riches uniquement parce qu'ils savaient comment devenir riches !

« *Vous voulez dire que la seule différence entre les riches et les pauvres tient au fait que les riches savent gagner de l'argent ?* »

Non. Tout le monde sait comment gagner de l'argent. Y compris les pauvres. Chacun d'entre nous sait qu'en travaillant il touchera un salaire, donc de l'argent. Pas besoin d'être riche pour le savoir. Ce que j'essaye de dire c'est que la différence fondamentale entre les pauvres et les riches provient du fait que ces derniers savent comment s'enrichir et mettre en œuvre tous les mécanismes nécessaires à cet enrichissement. Vous verrez également, plus loin, que gagner de l'argent et acquérir de la richesse sont deux choses complètement différentes.

Autre aspect important : si vous ne savez pas comment faire travailler votre argent, le simple fait d'en gagner beaucoup ne garantira jamais que vous saurez vous enrichir. De nombreuses personnes ont gagné beaucoup d'argent dans leur vie, mais la finissent aussi pauvres que d'autres qui n'ont jamais rien gagné. C'est ce qui est arrivé à beaucoup d'artistes et de sportifs qui savaient chanter ou jouer au ballon mais qui ne connaissaient rien à l'argent. Prenez l'exemple du célèbre boxeur Mike Tyson qui a gagné plus de 100 millions de dollars dans sa vie de sportif.

Pourtant, il dort aujourd'hui dans des foyers pour sans-abri. Si vous connaissez son histoire, vous me direz qu'il est ruiné parce qu'il s'est fait escroquer par son entourage. C'est vrai. Mais c'est surtout parce qu'il n'a jamais pris soin de son argent.

A contrario, beaucoup d'anonymes ne possédant rien d'autre que leur bon sens et leur volonté ont su s'enrichir tout en gagnant cent fois moins que les vedettes éphémères du show-business.

Pour devenir riche vous devez simplement savoir quoi faire et comment agir. Rien de plus. Vous n'avez pas besoin d'être plus intelligent, plus talentueux (je reviendrai tout de même sur le talent que tout le monde possède) ou plus chanceux. Vous n'aurez pas à changer de travail, ni à organiser un hold-up. Seulement apprendre comment acquérir et générer de la richesse.

Est-ce que ce *grand secret* peut être enseigné à n'importe qui afin qu'il puisse l'appliquer et s'enrichir? La réponse est: OUI.

Par-dessus tout, vous découvrirez comme il est agréable de s'enrichir. Et pendant que vous prendrez du plaisir, vous apprécierez le confort, la sécurité, l'indépendance et la liberté que la richesse procure, tout en développant de l'estime et de la confiance en vous-même.

La richesse, et tout ce qu'elle apporte, n'est pas réellement difficile à acquérir, mais elle reste et restera accessible uniquement aux personnes qui en ont réellement le désir. C'est-à-dire à tous ceux qui agiront dans le bon sens et feront ce qu'il faut au bon moment. C'est possible depuis des siècles, et cela le restera encore pour de longues années, tant que l'argent existera sous une forme ou une autre.

« *Donc pour vous, s'enrichir se résume à une seule chose : savoir s'enrichir?* »

C'est à la fois aussi simple et aussi difficile que cela. Il est évident que si vous ne savez pas quoi faire, vous avez peu de chance de le faire ! Par conséquent si vous ne savez pas comment vous enrichir, vous aurez beaucoup de mal à atteindre cet objectif. Laissez-moi vous raconter l'histoire d'une vraie légende.

Une éducation à 200 millions de dollars

En 1983, aux États-Unis, une expérience unique en son genre a été tentée pour démontrer que le succès en bourse ne dépendait pas d'un talent particulier, mais de l'application d'une méthodologie d'intervention précise et accessible à n'importe qui.

Pour démontrer la valeur de cette théorie un casting a été organisé à grands renforts de publicité dans les journaux financiers pour recruter une dizaine de personnes qui participeraient à l'expérience (vous voyez, la télé réalité des années 2000 n'a rien inventé). Parmi les candidats sélectionnés se trouvaient des profils très différents qui allaient de l'institutrice au joueur de poker professionnel. Ce groupe fut nommé les Tortues.

Après seulement deux semaines de formation, les instigateurs de l'expérience approvisionnèrent les comptes en banque de chaque Tortue. Certains ont enjolivé la légende à outrance en proclamant que la somme investie au départ ne fut que de quatre cents dollars. En réalité chaque compte reçut en moyenne un million de dollars.

À la fin de l'expérience, quelques années plus tard, la somme totale gagnée par les Tortues était de 200 millions de dollars !

Téléchargez la technique complète des Tortues

La technique et l'histoire des Tortues est disponible sur Internet à l'adresse suivante : www.toutlemondemeritedetreriche.com/infos.htm

Bien que cette histoire puisse laisser rêveur et sembler inaccessible, ne croyez pas que cette expérience ne soit pas reproductible avec d'autres objectifs plus à votre portée. Mais soyez conscient que la seule et unique raison du succès des Tortues n'était pas dû au fait qu'elles savaient quoi faire, mais... au fait qu'elles avaient appris à le faire...

Comme pour beaucoup de choses **la réussite dans un domaine précis est la conséquence d'une formation adaptée**, pas de la chance (on ne gagne pas 200 millions de dollars par hasard). Cette affirmation reste valable pour votre enrichissement personnel. Vous découvrirez que celle-ci ne résulte pas d'un talent particulier, mais de l'application de principes clairement identifiés et parfaitement reproductibles par tous ceux qui voudront bien s'en donner la peine.

« *Vous affirmez donc que les riches s'enrichissent parce qu'ils en savent plus que les autres sur l'argent ?* »

Absolument. Et surtout ils n'hésitent pas à se former, même s'ils doivent payer pour apprendre. Je suppose que cette affirmation vous semble pleine de bon sens, pourtant je suis toujours étonné de voir que peu de personnes investissent dans leur formation, qu'elle soit financière ou autre. À croire qu'elle doit être mise au placard dès qu'ils sont sortis de l'école. Nous apprenons tous les jours au travers de nos expériences heureuses et malheureuses. Si vous êtes capables d'en tirer profit, vous avancerez plus vite que les autres.

« *Est-ce que cela veut dire qu'il y a des comportements types qui permettent de s'enrichir?* »

Sans l'ombre d'un doute. Nous les aborderons plus tard. Utilisez-les et vous vous enrichirez. Faites le contraire et vous vous appauvrirez. Mais dans un premier temps…

**Votre priorité sera d'apprendre pour comprendre.
Ensuite vous agirez…**

Mon premier conseil : ne cessez jamais d'apprendre. Le monde change. Aujourd'hui plus rapidement qu'hier. Ce qui était vrai hier ne le sera pas obligatoirement demain. Et si vous trouvez la connaissance trop chère, essayez l'ignorance. Vous m'en direz des nouvelles.

Trêve de bavardages, entrons dans le vif du sujet et apprenons à nous enrichir.

Chapitre 2

LE POINT DE DÉPART

Si le nécessaire coûtait dix fois plus cher,
la plupart des gens seraient moins tentés par le superflu.
Wolinski

Maintenant que vous avez compris qu'il est important de savoir avant d'agir, je vais vous dévoiler les clés de l'enrichissement. Cependant, soyez conscient que tout ce que vous apprendrez n'aura aucune valeur si vous n'appliquez pas les règles et si vous ne mettez pas en place les procédures que nous définirons. J'insiste sur les aspects motivation et action car, par expérience, je sais que…

Ce n'est pas parce vous savez ce que vous devez faire…
… que vous le ferez !

Le processus de l'enrichissement se décompose en trois parties :

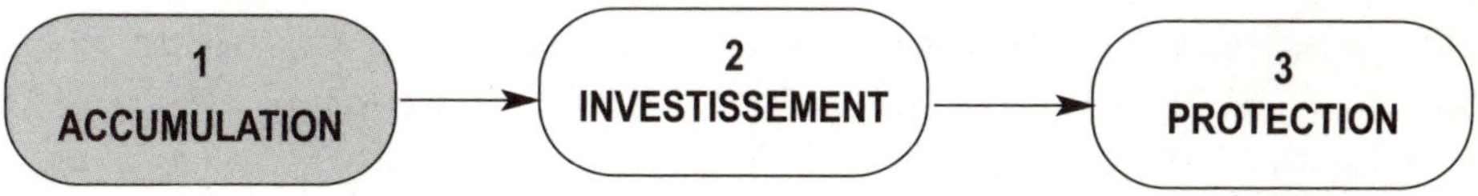

- l'accumulation est le point de départ : c'est l'impulsion qui permet de créer quelque chose que nous ferons fructifier par la suite ;

- l'investissement permet de développer cette accumulation et de générer de la richesse ;
- la protection, comme son nom l'indique, consiste à mettre en sécurité votre richesse.

Payez-vous en premier

Pour le moment nous nous concentrerons uniquement sur le premier aspect : **l'accumulation**. Pour bien me faire comprendre, je mettrai la formule de l'accumulation sous une forme mathématique très simple :

ACCUMULATION = REVENUS – NÉCESSITÉS

Les « revenus » sont constitués par tout ce qui entre dans votre poche. Les « nécessités » correspondent à tout ce que vous devez obligatoirement dépenser. Maintenant, pouvez-vous me dire quel sera le niveau d'accumulation si les revenus égalent les dépenses ?

« Si les revenus sont égaux aux dépenses, l'accumulation est nulle. »

Parfaitement exact. C'est pour cette même raison que la plupart des gens sont incapables de s'enrichir. Car si nous regardons rapidement la deuxième phase de l'enrichissement – l'investissement –, il est évident que vous ne pourrez pas faire fructifier quelque chose qui n'existe pas. Vous devez donc donner l'impulsion de départ pour disposer de quelque chose qui produira de la richesse. Le premier secret de l'enrichissement est donc le suivant : quelle que soit l'importance de vos revenus…

Vous devez vous payer en premier…

« Que voulez-vous dire par se payer en premier? Si je prends mon cas, je touche un salaire chaque mois. Étant mensualisé les impôts prélèvent leur part. Donc impossible de me payer en premier! »

Admettons. Combien gagnez-vous chaque mois et combien payez-vous d'impôts?

« Je gagne 2 500 euros. Je paye environ 400 euros d'impôts par mois, et je garde tout le reste pour moi. »

Donc vous arrivez à économiser par an (2 500 – 400) x 12, soit 25 200 euros. Je ne me trompe pas?

« Euh, non. À peine 1 000 euros. Et encore pas tous les ans. »

Pourtant vous venez de me dire « je paye mes impôts et je garde tout le reste! »

« C'est vrai, mais avec ce qui reste je dois payer mes vêtements, mon loyer, l'essence, la nourriture. En somme toutes les dépenses du quotidien que nous connaissons tous. »

Je reprends mon calcul. Vous gagnez après impôts 25 200 euros par an et il vous reste 1 000 euros en fin d'année, donc vous **payez d'abord** 24 200 euros au propriétaire de votre appartement, au pompiste, au supermarché, etc. et vous gardez ce qui reste pour vous. Est-ce exact?

« Oui, mais je n'avais jamais vu les choses de cette manière. »

Bien. Supposons maintenant que vous fassiez le contraire. C'est-à-dire que vous vous payiez avant tout le monde et les autres seulement avec ce qui reste. Disons que vous prélevez systématiquement 20 % de vos rentrées. Combien vous restera-t-il?

« Hé bien 500 euros par mois. »

Donc en appliquant notre équation à cette situation hypothétique vous accumulerez 6000 euros par an et réserverez tout le reste pour payer vos fournisseurs. Bien sûr, en contrepartie vous devrez ajuster le coût de vos nécessités. C'est-à-dire que le budget disponible pour payer le quotidien ne sera plus de 25200 euros par an, mais de 19200 euros.

« J'entends bien tout ce que vous racontez, et je suis sûr que certaines personnes peuvent réduire leurs dépenses suffisamment, mais pour moi c'est impossible. J'ai déjà essayé plusieurs fois sans arriver à économiser plus. Il m'est impossible de me payer 20 %, ou même 10 %. »

Vous croyez vraiment ce que vous venez de dire? En réalité, vous venez juste de résumer l'idée la plus fausse et la plus répandue de tous les temps en ce qui concerne l'enrichissement et beaucoup d'autres sujets: « Je ne peux pas, alors je ne fais pas » et surtout « je n'essaye pas et je ne me pose pas de question ». En décrétant qu'une chose est impossible, vous vous interdisez toutes chances d'y arriver.

De plus, si ce que vous venez de dire était vrai je ne pourrais pas donner ce cours aujourd'hui, pour la simple raison qu'il y aurait dans le monde des personnes devenues riches uniquement pour les raisons spécifiques que nous avons évoquées plus haut : chance, talent, héritage.

Cela tendrait également à dire que vous êtes incapable de vous enrichir parce que vous êtes (pour le moment) incapable de gérer autrement votre argent ! En pensant que vous ne pouvez pas adapter vos dépenses, vous n'avez pas seulement mis en place une barrière économique, mais vous avez élevé une barrière psychologique qui vous empêche de vous enrichir. Vous avez instauré une vérité qui n'est rien d'autre qu'une croyance limitative. Vous avez dit « ce n'est pas possible », avant de vous demander comment vous pourriez y arriver. Ce qui m'amène à vous dire que l'enrichissement ne peut se mener à bien si vous ne changez pas vos comportements et surtout votre mode de pensée.

Dès aujourd'hui, ne dites plus jamais « je ne peux pas », mais plutôt « que dois-je faire pour y arriver? » Je ne dis pas que vous y arriverez obligatoirement, mais cela aura au moins l'avantage de vous pousser à envisager une autre solution, au lieu de vous fermer à toute autre possibilité. Essayez. Je suis persuadé que dans 80 % des cas vous trouverez des alternatives, ou tout au moins des débuts de solutions.

La question qui nous intéresse pour le moment est la suivante : comment dépenser mieux pour dégager des excédents que vous pourrez investir?

« Mais je n'ai pas besoin de vous pour comprendre que je dois épargner pour m'enrichir. Je le savais déjà. D'autant plus que c'est vraiment trop facile et trop simple pour que cela soit réellement efficace. »

Oui, peut-être que vous le saviez déjà. Mais le faites-vous?

« Non! »

Je vous l'avais dit. Lorsque les choses semblent trop faciles, nous avons tendance à penser que nous l'avons toujours su. Le plus étonnant: plus c'est simple moins nous y apportons de crédit. Au final rien n'est fait! Pourtant chaque année des centaines d'individus deviennent millionnaires, grâce à leurs placements en bourse ou dans l'immobilier, parce qu'ils ont su placer et utiliser une partie de leurs ressources mensuelles.

Je vais vous raconter l'histoire de trois familles de mon entourage. Bien sûr les noms sont fictifs (juste pour éviter de froisser certaines personnes).

La famille Clactou

Vincent et Catherine Clactou ont deux enfants. Tous les deux travaillent et gagnent au total 4000 euros par mois, au détail près que Catherine travaille en intérim. Ils ont chacun une voiture neuve achetée à crédit et viennent d'acquérir une nouvelle maison. Ils remboursent donc chaque mois les crédits de la maison et des deux voitures.

Au total, la somme de toutes leurs dépenses obligatoires (en incluant celles du quotidien) sont légèrement supérieures à leurs rentrées, soit 4200 euros par mois. Les Clactou sont donc quelquefois obligés de se refinancer juste pour payer le léger déficit qu'ils créent chaque mois. De ce fait ils ne peuvent ni épargner, ni commencer à s'enrichir puisqu'ils sont incapables de dégager le moindre excédent.

Le plus grave de tout : si Catherine ne travaille pas pendant quelques semaines, les comptes du ménage accentueront leur déséquilibre et la famille Clactou se retrouvera en difficulté.

La famille Matuvu

Pour la famille Matuvu la situation est très différente. Nadine et Pierre ont également deux enfants. Pierre est avocat et sa femme travaille comme décoratrice d'intérieur. Ils gagnent au total 120 000 euros par an. Ayant un fort pouvoir d'endettement, ils ont acheté à crédit une grande maison, ainsi qu'une résidence secondaire dans le sud de la France qu'ils n'utilisent que cinq semaines par an. Pour meubler ces deux maisons, ils ont également contracté différents crédits à la consommation sans regarder à la dépense. Bien que les enfants ne soient pas majeurs, ils possèdent trois grosses voitures neuves, toujours acquises à crédit, dont la valeur totale atteint pratiquement celle de la résidence secondaire. Ils sont membres du club de sport le plus chic de la région. Les enfants sont dans la meilleure école privée et une employée à plein temps s'occupe de la maison, des enfants, des repas, etc. Au final, ils ont autant de crédits pour leur train de vie que pour leur résidence principale.

Pour montrer leur réussite et inviter leurs clients et amis, ils se sentent obligés d'organiser régulièrement des soirées avec petits fours et champagne. Étant donné que Nadine est censée mettre en valeur son bon goût et son talent de décoratrice, elle se doit d'être toujours au courant de la mode et des tendances. Ce qui ne manque pas d'occasionner des frais de représentation conséquents et récurrents. Plus ils avancent, plus ils s'enferment dans un schéma de représentation qui devient nécessaire à leurs affaires, car à la moindre défaillance ils seront considérés comme des pestiférés par la bourgeoisie locale.

Nadine et Pierre ont un budget de dépenses très variable et arrivent, quelquefois, à mettre de côté 1 000 euros par mois. Cependant, comme ils ne se refusent rien, ils puisent régulièrement dans cette réserve, réduisant ainsi à néant le peu d'épargne constituée.

Nous avons tous des obligations économiques, mais celles des Matuvu sont très élevées. Ils savent qu'à terme ils ne pourront pas tenir ce rythme, tout simplement parce que les enfants grandissent et que leurs besoins sont toujours croissants. Bien qu'ils en aient discuté plusieurs fois, ils n'arrivent pas vraiment à faire de concessions sur leur train de vie. Étant donné que tous deux ont des revenus variables, en fonction de leur activité, il suffit qu'ils subissent trois ou quatre mois difficiles et ils auront du mal à payer les petits fours !

La famille Chuipariche

Muriel et Roger Chuipariche ont trois enfants et vivent dans une maison à quelques kilomètres de la capitale. Roger travaille dans une imprimerie et Muriel est employée municipale. Elle gère le budget et suit les finances du ménage semaine après semaine.

Chacun d'eux gagne 1 250 euros par mois, soit 30 000 euros par an. Ils payent 1 000 euros d'impôts compensés par 1 000 euros d'allocations diverses. Ils possèdent une voiture achetée d'occasion et la seule charge qu'ils ont à supporter est le crédit de leur maison acquise il y a dix ans, et qu'ils auront fini de payer dans cinq ans. Même s'ils ont la possibilité de s'endetter un peu plus, ils font tout pour payer au comptant et ne contractent jamais de crédit superflu. Ainsi, aucun intérêt inutile ne vient grever leur budget.

Ils sont mariés depuis 20 ans et ont toujours économisé 15 % de ce qu'ils gagnaient, soit 4500 euros par an. Ils sont aujourd'hui à la tête d'un capital de 156237 euros qu'ils continuent d'alimenter et de faire fructifier à un taux de 5 % par an. Même si l'un des deux devait avoir des difficultés avec son travail, la famille Chuipariche n'aurait pas de problème.

« Je crois comprendre où vous voulez en venir. Qu'importe l'argent que nous gagnons, nous avons toujours tendance à dépenser autant que nos rentrées. Au final nos nécessités égalent toujours nos revenus. C'est une autre façon d'illustrer l'expression 'joindre les deux bouts'. »

En réalité nous nous piégeons nous-mêmes. Tout ce que nous voyons est la situation dans laquelle nous nous sommes installés petit à petit en devenant aveugle et imperméable à d'autres réalités. Au final, nos nécessités grossissent toujours en même temps que nos revenus pour finalement être du même niveau. Plus nous avons d'argent disponible, plus nous avons tendance à le dépenser. En vous payant en premier, vous évitez de tomber dans le piège. C'est d'ailleurs la seule façon de le contourner. Au bout du compte l'intérêt est double : non seulement vous écartez le problème, mais votre épargne grossit en même temps que vos revenus augmentent.

Ce qu'il faut retenir de ces trois exemples et qui déterminera votre capacité à vous enrichir :

Le plus important ce n'est pas combien vous gagnez, mais :
1/ Combien vous arrivez à garder.
2/ Comment vous utilisez votre argent.

« Ce qui me choque c'est le mot 'nécessités'. Ne trouvez-vous pas que le terme est mal approprié ? L'utilisation que vous en faites résume nos dépenses au strict nécessaire. Pourtant nous utilisons l'argent pour beaucoup d'autres choses comme les loisirs. »

C'est exact. Les nécessités représentent tout ce dont nous avons réellement besoin aujourd'hui et ne se résument pas au strict minimum pour vivre. Nous pouvons avoir besoin de culture pour nous instruire, de prendre des vacances pour nous reposer, etc. Toutes ces choses deviennent des nécessités seulement et uniquement à partir du moment où nous en avons réellement besoin. C'est pour cette raison que votre premier objectif sera de déterminer avec précision vos besoins réels.

Argent et richesse

Beaucoup d'entre nous confondent argent et richesse. Pourtant ce sont deux choses complètement différentes. Nous étayerons cette affirmation en observant la situation de deux des trois familles évoquées. Pour simplifier les choses, nous considérerons que tous les revenus et dépenses sont constants et ne subissent pas de modification. Nous prendrons en compte, plus tard, l'impact de l'inflation.

Nous avons dit que les Matuvu gagnaient 120 000 euros par an. Cependant, ils ne gardent rien pour eux-mêmes. Sans modification de leur comportement et sans tenir compte d'éventuelles variations de leurs revenus au cours des trente prochaines années, 3,6 millions d'euros passeront entre leurs mains sans qu'ils soient capables d'épargner le moindre centime. Au bout de cette période, il est probable que leur résidence principale représentera la plus grosse partie de leur richesse.

Regardons maintenant les Chuipariche. Au bout de 30 ans, 900 000 euros seront passés entre leurs mains. Actuellement, ils se payent 15 % de leurs rentrées, soit 4 500 euros par an et pensent augmenter cette part à 20 % dès que les enfants seront devenus autonomes et/ou lorsque le crédit de leur maison sera arrivé à terme. S'ils se payent 15 % pendant les 20 premières années et 20 % les dix dernières années, après 30 ans en plaçant leur argent à 5 % par an, ils auront à disposition un capital de 343 639 euros, et seront propriétaires d'une maison de plusieurs centaines de milliers d'euros.

Si Muriel et Roger Chuipariche ont commencé à travailler dès l'âge de 20 ans, ils pourront envisager de travailler à mi-temps dès 50 ans, car ils recevront 17 182 euros par an, générés uniquement par les intérêts du capital placé, tout simplement parce qu'ils se seront toujours payés en premier. Même si ces nouveaux revenus semblent au premier abord inférieurs à leurs rentrées précédentes, ce n'est pas obligatoirement vrai, car ils payeront moins d'impôts et n'auront plus aucun crédit à rembourser chaque mois.

Vous voyez mieux maintenant la différence entre gagner de l'argent et acquérir de la richesse? Dans notre exemple, la richesse des Chuipariche est constituée par leur maison et le capital placé qui génère des intérêts qui seront éventuellement transformés en revenus.

Riche c'est combien ?

« Nous avons bien compris, mais comment définissez-vous la richesse ? Combien faut-il avoir pour être riche ? »

Il m'est impossible de répondre à cette question.

« Attendez. Si je gagne 1 250 euros par mois en travaillant durement pendant 30 ans et qu'au moment de prendre ma retraite je conserve mon pouvoir d'achat, je possède ma maison et que mon capital ne diminue pas, vous aurez du mal à me convaincre que je ne suis pas riche. »

Peut-être. Supposons maintenant que Roger décide de travailler 5 ans de plus et continue à se payer chaque mois. Avez-vous une idée de combien il possédera ?

« Si je compte bien il aura 477 743 € ! Personnellement je préférerais attendre 5 ans de plus. »

Vous voyez, il n'y a pas qu'une seule réponse à votre question. Il y en a autant que d'individus. Tout dépend de vos besoins et de la manière dont ils sont satisfaits. Monsieur X se contentera de 300 000 euros sur son compte en banque, alors que Madame Y voudra au moins posséder 450 000 euros pour se sentir en sécurité. Je sais aussi par expérience que nous ne sommes jamais assez riches. Si votre premier objectif est d'atteindre 100 000 euros, vous constaterez qu'une fois atteints, ceux-ci vous sembleront minimes et que vous en voudrez toujours plus.

Pour vous en convaincre, amusez-vous à poser la question à cent personnes, et vous obtiendrez cent réponses différentes. Certains penseront à la liberté et apprécieront le fait de pouvoir partir où et quand ils le veulent, sans être dépendants d'un emploi. D'autres évoqueront la sécurité et privilégieront la possession d'un toit et des rentrées suffisantes pour vivre sans se poser de questions pour le lendemain. D'autres encore se rassureront par la possession de biens matériels comme une grosse voiture, un bateau ou une grande maison pour épater la galerie. Au final nous voyons bien que tout est fonction des objectifs et des aspirations de chacun.

La meilleure réponse que j'ai jamais entendue est certainement venue de la plus jeune de mes filles. Un jour, à table, je lui demandai pourquoi elle considérait que nous étions riches. Sa réponse fut : « Nous sommes riches, puisque nous avons tout ce que nous voulons ». C'est certainement la réponse la plus claire et la plus exacte que l'on puisse apporter. Peut-être un brin simpliste, mais pas complètement naïve. Surtout, elle résume bien les choses ou tout au moins mon point de vue. La première des richesses, c'est de ne pas se poser de questions pour le lendemain. C'est la liberté financière qui amène la liberté d'esprit, plutôt que le superflu. C'est à mon sens le plus important. Mais je reconnais également que cela fait partie de la philosophie personnelle de chacun.

Dépensez avec votre tête, pas avec vos yeux !

Penchons-nous de nouveau sur les Matuvu. Ceux-ci sont dans un piège qu'ils ont eux-mêmes créé et qui les pousse à la dépense. Comment peuvent-ils en sortir ?

« *Ils doivent d'abord s'enrichir avant de paraître riches, et comprendre dans quel piège ils sont tombés.* »

Je suis d'accord avec vous. Mais ils doivent aussi avoir la volonté et le désir de s'enrichir. Avez-vous quelques idées à suggérer à nos amis Nadine et Pierre pour qu'ils puissent commencer à se payer en premier?

(L'assistance en chœur) « *Ils ont juste besoin de dépenser moins!* »

Bien sûr, mais avez-vous une idée plus précise de ce qu'ils doivent faire pour y arriver?

Avez-vous remarqué qu'une grande partie de ce que nous achetons est la conséquence d'impulsions ou d'envies. Arrêtez-vous quelques instants et réfléchissez. Nous vivons dans une société où le regard des autres est important et nous pousse à la dépense. Pour appartenir à un clan et/ou être remarqué, nous nous devons d'être à la mode ou de posséder la dernière merveille technologique qui épatera nos amis en suscitant leur envie (le plus souvent pour seulement quelques minutes).

Pour *nous aider* à dépenser, les journaux, les magasins, la TV, nous submergent de publicité. Au final, nous devenons tous des cibles plus ou moins conscientes de la société de consommation, où tout est fait pour que nous consommions toujours plus. Faites un tour dans les magasins. Tous les affichages n'ont qu'un seul but : vous attirer et vous inciter à dépenser. Pas dans un mois ni dans une semaine, mais maintenant. Par conséquent, la première chose à faire est d'arrêter d'acheter les yeux fermés.

Pour vous démontrer que nous sommes constamment sollicités et que nous cédons à nos impulsions, quelquefois, sans nous en rendre compte, faites l'expérience suivante : allez au supermarché avec votre conjoint. Prenez un chariot et laissez-le (ou la) faire ses courses habituelles sans orienter ses choix. Avant d'arriver à la caisse, arrêtez-vous et faites l'inventaire du chariot en séparant le nécessaire comme les légumes, la viande, etc., et le superflu comme les bonbons, les glaces, gadgets. Vous serez étonné du résultat. Ensuite calculez le coût total du superflu et multipliez-le par le nombre de fois que vous faites vos courses. Vous allez avoir une très grosse surprise !

« C'est vrai, j'achète beaucoup de choses inutiles, pensant faire plaisir à mes enfants. Quelquefois elles périssent dans le réfrigérateur parce que nous ne les avons pas consommées. Je parierais qu'avec cette seule méthode je pourrais couper mes dépenses au quotidien d'au moins 5 à 10 %. »

« Mais vous êtes en train de faire de nous des radins ! Je suis là pour m'enrichir. Je n'ai pas besoin de vous pour m'apprendre à compter le nombre de steaks que j'achète ou me serrer la ceinture. »

Rassurez-vous mon but n'est pas de vous transformer en *Gripsou*, mais de vous montrer qu'il y a une énorme différence entre la radinerie et une gestion raisonnée. Cet exemple a également pour but de vous sensibiliser au fait qu'une bonne partie de votre richesse part dans la poche des autres, quelquefois pour des choses que nous n'utilisons pas ou peu.

Je veux également attirer votre attention sur le fait que nous consommons souvent par habitude et que nos comportements de consommateurs ne sont pas ou très rarement remis en question. Sauf en cas de problème. Perte d'emploi par exemple. Dans ce genre de situation, nous essayons surtout de limiter les dégâts pour que la baisse de nos ressources n'ait pas trop d'impact sur notre vie et celles de nos proches. Alors qu'en faisant ce travail en amont avant que le problème ne se présente, nous avons l'occasion de créer de l'accumulation et de parer aux éventuelles difficultés qu'amènerait une période de chômage.

En ce qui concerne l'expression que vous avez employée « se serrer la ceinture », je préfère vous présenter les choses autrement. Le jour où vous avez touché votre première paye, celle-ci a déterminé votre niveau de vie en fonction de ce que vous pouviez dépenser, mais sans tenir compte du fait que vous vous payeriez en premier. Si vous aviez inclu cette donnée dès le départ dans vos dépenses mensuelles, vous auriez commencé à vous enrichir et adapté votre train de vie en fonction de ce qui vous restait.

« Avez-vous une idée plus précise de combien nous pouvons nous payer en premier ? »

La réponse est fonction de plusieurs paramètres qui dépendent à la fois de vos possibilités, de votre motivation et de vos objectifs. D'une manière générale et en appliquant les bons comportements, il est assez facile de se payer au moins 10 %. Je sais aussi que le pourcentage que vous serez capables d'épargner déterminera votre avenir. Par recoupement entre toutes les personnes que j'ai pu conseiller ou observer par le passé, et qui se payent (ou non) en premier, je suis arrivé aux constatations suivantes :

Pauvre : pensent qu'ils vont *un jour* se payer en premier, mais ne le font jamais. Ils dépensent tout ce qu'ils gagnent, quelquefois plus, et ne pensent jamais à leur avenir. Ils passent leur vie à travailler pour payer leurs factures et ont du mal à joindre les deux bouts. Au final, ils ne profiteront jamais de leur retraite car leurs revenus seront souvent inférieurs à leur ancien salaire.

Classe moyenne : se payent entre 5 et 10 % de leurs rentrées. S'ils ont su faire travailler correctement leur argent (voir plus loin), ils vivront une retraite paisible et sans problème.

Riches et futurs riches : se payent entre 15 et 20 % (voir plus) et se donnent ainsi la possibilité de prendre leur retraite 10 ans plus tôt. Au final, ils profiteront aussi bien de leur préretraite que de leur retraite elle-même. Et en tenant compte du fait que nous vivons toujours plus longtemps, ils jouiront de la vie beaucoup plus longtemps que les autres.

« D'accord. Mais vous dites que pour devenir riche, nous devons épargner au moins 15 à 20 % de nos rentrées ! Jamais je ne pourrai épargner un cinquième de mon salaire. Franchement vous exagérez. Personne n'est capable de faire cela. »

Je reconnais volontiers que beaucoup d'individus sont rebutés par l'idée de se payer en premier et surtout par l'effort qu'ils devront produire. Dans la réalité cela les agace car ils ne trouvent aucun panache à épargner sagement chaque mois. Peut-être que vous en faites partie. Peut-être que votre tête est pleine de raisons qui vous incitent à penser que vous ne pouvez pas vous payer en premier, ou que vous pensez que le véritable enrichissement réside dans un secret bien gardé qui vous permettra d'investir en bourse sur les actions qui gagnent 100 % par an, ou d'acheter un appartement que vous pourrez revendre cinq fois plus cher dans six mois !

Pourtant, croyez-le ou non, seule la façon dont vous vous payerez en premier déterminera votre avenir et votre capacité à vous enrichir.

« Honnêtement je suis assez sceptique sur la faisabilité de la chose. Même si en théorie cela semble fonctionner, d'un point de vue purement pratique c'est parfaitement irréaliste. Personnellement je gagne 2 000 euros par mois, il m'est impossible de me payer en premier à hauteur de 400 euros. Je pense que je pourrais consacrer 200 euros mais jamais 400 ! »

Cela vous semble peut-être difficile, mais avez-vous essayé? Ou au moins avez-vous déjà réfléchi à la façon dont vous pourriez y arriver? Je vous concède qu'au début ce n'est pas obligatoirement facile, mais c'est certainement beaucoup moins difficile que vous ne le pensez. Surtout lorsque ce sont les autres qui payent pour vous (une chose à la fois, nous verrons cela plus tard) !

Dans un premier temps je vous demanderai de ne pas décréter que c'est impossible, sinon vous ne ferez jamais rien. Autre aspect : d'une manière générale lorsque nous sommes en face d'une difficulté, j'ai remarqué que nous avions tendance à minimiser ou à sous-estimer nos capacités à résoudre le problème. Je sais également que si vous cherchez des solutions pour atteindre un objectif de 5 %, vous ne trouverez que des solutions à 5 %! Par conséquent, n'hésitez pas à placer la barre un peu plus haut en visant 15 %, tout en commençant à 8 ou 10 % et en progressant par tranches de 1 % chaque mois jusqu'à votre objectif. De cette façon, la transition se fera en douceur tout en vous laissant le temps de vous adapter à vos nouvelles habitudes.

La façon dont vous voyez les choses a aussi son importance : si vous ramenez vos 400 euros mensuels à l'échelle d'une journée, combien obtenez-vous par jour ?

« *Sur 30 jours cela fait approximativement 13 euros.* »

Parfait. Maintenant la question n'est plus de savoir comment vous pouvez épargner 400 euros par mois, mais de savoir ce que vous devez faire pour dégager un surplus régulier de 13 euros ? Est-ce que cet objectif vous semble plus facile à atteindre ?

Où passe votre argent ?

Il existe une façon, accessible à tous, pour *trouver de l'argent* qui vous permettra de créer de l'accumulation et d'atteindre vos objectifs. Cela nécessite une introspection personnelle et une petite enquête sur la manière dont vous dépensez chaque jour votre argent. Dans bien des cas nous ne savons pas exactement comment nous dépensons réellement notre argent au quotidien Ces dépenses étant la conséquence d'actions habituelles, récurrentes, et souvent irréfléchies.

Pour les débusquer, voici ce que je vous propose de faire : dès demain matin notez en détails tout ce que vous dépensez dans la journée et/ou tous les actes qui génèrent une dépense directe ou indirecte, et surtout identifiez tout ce que vous faites mécaniquement sans vraiment y réfléchir. Cela concerne aussi bien le (ou les) café(s) que vous prenez chaque matin, sans oublier le croissant qui l'accompagne, le transport pour aller à votre travail, les appels où messages que vous envoyez à partir de votre téléphone portable, le coût de votre déjeuner, sans oublier les cigarettes (à

5 euros le paquet, vous allez vite découvrir que c'est une habitude de plus en plus réservée aux riches), etc.

Ensuite, demandez-vous comment vous auriez pu faire autrement pour arriver au même résultat pour un coût moindre, tout en chiffrant cette économie. La solution n'est pas obligatoirement une alternative directe. Elle peut également se présenter sous forme d'investissement. Exemple : pour le prix d'une dizaine de cafés pris chaque matin au bar du coin avant d'aller travailler, pourquoi ne pas acheter une cafetière que vous utiliserez au bureau. Ou encore, pourquoi ne pas apporter votre bouteille thermos. Au final vous boirez autant de cafés qu'auparavant pour un coût bien moins élevé. Même chose pour les portables. Combien d'appels avez-vous passé pour confirmer votre arrivée, dans quelques minutes, à un rendez-vous déjà confirmé par email une heure auparavant ? Seriez-vous arrivé en retard si vous n'aviez pas appelé la personne ?

Ces quelques exemples issus de comportements irréfléchis, peuvent être la source de multiples économies qui ne changeront **strictement rien à votre train de vie**, mais qui vous permettront de dégager des excédents, sans douleur, pour vous payer en premier. Cherchez de votre côté. Analysez ce que vous faites. Je suis persuadé que vous trouverez des dizaines d'opportunités d'économies.

Autre aspect important de cette introspection, évaluez le rapport coût/utilité de la dépense que vous engagez. Demandez-vous si vous en avez vraiment pour votre argent, si ne vous ne payez pas trop cher pour le service rendu ou si vous en avez vraiment besoin.

« Oulala. Quel boulot pour économiser quelques euros ! Vous ne croyez pas que nous tombons dans la futilité ? »

Beaucoup moins que vous ne le croyez. La finalité de cet exercice est de vous faire prendre conscience de la destination de votre argent. Une fois que vous serez convaincu de son intérêt, vous n'aurez plus qu'à vous demander « Est-ce qu'il n'y a pas une autre solution? ». Rien de plus ! Ensuite c'est à vous de décider si vous êtes déjà suffisamment riche pour ne pas tenir compte de cet aspect. Mais il me semble évident que si vous n'avez aucun capital ni patrimoine de départ et que vous tenez vraiment à vous enrichir, il faut bien que l'argent vienne de quelque part !

Sans compter que lorsque je vous aurai démontré que ces simples réflexions vous permettront d'acheter un appartement, je ne suis pas sûr que vous direz encore la même chose. Il n'est également pas utile de faire cet exercice pendant un an. D'ailleurs vous ne tiendrez pas aussi longtemps. Une semaine ou deux devraient suffire. Le but étant essentiellement de vous faire prendre conscience de vos dépenses réelles et de savoir exactement où passe votre argent. C'est seulement à partir de ce moment que vous pourrez adopter les bons réflexes et trouver des alternatives pour arriver aux mêmes résultats.

J'irai même plus loin en revenant sur l'aspect radinerie évoqué plus tôt. Si vous supprimez complètement le café du matin que vous dégustiez avec délectation, dans ce cas vous devenez vraiment pingre. En revanche si vous recherchez une autre solution pour boire votre café avec autant de plaisir, alors vous faites travailler votre cerveau et développez votre potentiel d'enrichissement.

« Je confirme tout ce que vient de dire Olivier. J'ai fait cette introspection personnelle il y a quelques mois. Les résultats sont étonnants. Entre mes appels téléphoniques inutiles, mes déjeuners au restaurant, les dépenses irréfléchies, les cigarettes, j'ai récupéré au moins 10 € par jour, soit 300 € par mois, sans rien changer à mon train de vie! »

Et avez-vous une idée de ce que représentent ou ce que vous pourriez faire avec 10 euros par jour investis à 10 %? Pas moins de 63112 euros sur 10 ans, ou encore 226809 euros sur 20 ans (voila votre appartement)! En dehors de ces réalités mathématiques, vous devez prendre conscience que le simple fait de raisonner vos dépenses peut vous faire gagner une petite fortune.

« Je serais assez tenté par vos propositions, mais je pense que vous oubliez de dire qu'en nous payant en premier nous régresserons économiquement. Personnellement je veux aller au restaurant lorsque j'en ai envie et sans avoir mauvaise conscience. »

Pourquoi régresseriez-vous? L'argent que vous épargnerez sera toujours en votre possession. Si vous changez d'avis, rien ne vous empêche de récupérer votre épargne et de la dépenser! Au final vous n'aurez pris aucun risque. Je vous propose seulement de repenser à votre façon de dépenser, en trouvant des solutions pour créer quelque chose qui générera de la richesse sans remettre en cause votre train de vie actuel.

Entendons-nous bien: le but ultime de cette démarche n'est pas de manger des patates tous les jours, mais de profiter au maximum de chaque euro que vous dépensez. Si votre but est d'aller au restaurant régulièrement, peut-être que vous trouverez plus de plaisir, tout en payant moins cher, en profitant une fois par mois de la table d'un grand restaurant, plutôt que d'aller à la pizzeria du coin une fois par semaine.

Bien sûr vous aurez toujours des dépenses obligatoires. Mais, là encore, et même dans les dépenses non récurrentes, il y a différentes approches qui vous permettront de mieux tirer partie de vos ressources. Laissez-moi vous en suggérer quelques-unes.

Stratégies de dépenses

Tout d'abord, au lieu d'acheter lorsque l'occasion se présente, planifiez vos achats ou encore évitez les dépenses égoïstes en privilégiant celles qui profiteront à un maximum de membres de la famille. En procédant de la sorte, vous éviterez d'acheter sur un coup de tête et rentabiliserez mieux vos achats tout en maintenant une priorité à la dépense.

Deuxième suggestion que j'utilise très régulièrement (comme les deux suivantes). Lorsque vous savez ou croyez savoir ce dont vous avez besoin, achetez-le au dernier moment et jamais avant qu'il ne devienne *vraiment* nécessaire. À moins que vous ne soyez un acheteur compulsif, si le désir persiste il est fort probable que vous en ayez vraiment besoin.

Troisième suggestion pour dépenser intelligemment. Lorsque vous remplacez un ordinateur, une voiture ou n'importe quoi d'autre, et que l'objet est toujours en état de fonctionner, promettez-vous ne pas acheter le remplaçant tant que vous n'aurez pas cédé l'ancien. Vous bénéficierez ainsi d'une rentrée supplémentaire pour financer votre nouvel achat, tout en évitant d'avoir à brader l'objet en question lorsque vous en aurez assez de le voir, ou de vous retrouver avec deux voitures dans votre garage !

Quatrième suggestion. Passez en revue au moins une fois par an tout ce que vous payez comme contrats d'assurance, abonnements, etc., et regardez si vous ne pouvez pas payer moins cher, simplement en faisant jouer la concurrence, ou en supprimant ce que vous continuez à payer d'année en année et que vous n'utilisez pas vraiment. À ce niveau, vous serez très étonné de tout ce que vous payez trop cher ou quelquefois en double. Je vous recommande très fortement cette inspection personnelle. Elle vous permettra à la fois de générer de l'accumulation, et de savoir où vous en êtes dans vos dépenses récurrentes.

Dernier conseil. Ne cédez pas aux sirènes des vendeurs. Il n'y a aucune raison que vous payiez plus cher un produit pour la simple raison que le vendeur est plus habile que celui du magasin d'à côté. Les vendeurs font leur travail de commerciaux. Faites votre travail de consommateur.

Ces modes opératoires ne sont que des suggestions. N'hésitez pas à en imaginer d'autres qui seront peut-être plus adaptés à votre environnement et à votre situation, tout en gardant en tête que l'objectif final n'est pas de mettre un frein à l'achat, mais de raisonner vos achats.

À moins que vous ne viviez au-dessus de vos moyens, il vous suffira d'intégrer ces nouvelles habitudes de consommation et vous n'aurez plus aucune difficulté pour vous payer en premier et mettre en place un budget pour surveiller vos dépenses liées à vos nécessités. Ne faites jamais le contraire. En vous payant en premier vous vous obligerez à épargner d'abord et à dépenser ensuite. La conséquence sera double : non seulement vous vous obligerez à mieux gérer vos rentrées mais en plus vous commencerez à vous enrichir.

« Au lieu de dépenser autrement, vous ne pensez pas qu'il serait plus simple d'essayer de gagner plus ? »

Dans un premier temps je pense que c'est la dernière chose à faire. En procédant de la sorte, non seulement vous ne vérifiez pas que vous payez le juste prix, vous ne faites rien pour changer vos habitudes de dépenses, mais en plus vous augmenterez vos impôts. Étant donné que l'administration fiscale prélève systématiquement sa part sur tout ce que vous gagnez, plus vous gagnerez plus vous payerez. Par conséquent votre premier objectif sera de maîtriser l'utilisation de vos ressources et de veiller à la façon dont vous les utilisez. Ensuite vous irez voir votre patron pour lui réclamer une augmentation.

Crédits à la consommation : le boulet

Revenons à nos amis les Matuvu et à leur problème de *non-enrichissement*. Nous avons vu qu'ils avaient autant de crédits pour leurs nécessités (résidence principale) que pour le superflu (trois grosses voitures, meubles, résidence secondaire, etc.). En sachant que les crédits à la consommation coûtent plus chers qu'un crédit immobilier, et servent essentiellement à acheter des produits qui se déprécient dans le temps, il leur suffirait de réguler leurs dépenses pour commencer à créer un potentiel d'accumulation.

« Mais il existe des nécessités dont nous avons tous réellement besoin aujourd'hui et que nous ne pouvons pas payer au comptant. Par exemple, une voiture est un produit cher qu'il est difficile d'acquérir sans crédit. Je pense que dans ce cas nous pouvons acheter à crédit. »

Ma réponse est définitivement non. **Pour vous enrichir, vous ne devez jamais contracter de crédits à la consommation**. Pour chaque emprunt vous payez une partie du capital et une partie d'intérêt, et les intérêts débiteurs n'ont jamais enrichi qui que ce soit, sauf votre banquier. Dans le cas d'une voiture, celle-ci n'est pas obligatoirement une nécessité, sauf lorsque c'est un outil de travail qui génère des revenus qui seront transformés en richesse. C'est le cas des taxis par exemple. Je suis également conscient que si vous habitez loin des transports en commun, une voiture peut s'avérer utile, voire indispensable. Dans ce cas, les caractéristiques de votre véhicule devront être adaptées à vos besoins, pas au regard du voisin. Enrichissez-vous d'abord, ensuite vous vous payerez toutes les voitures que vous voudrez sans vous poser de questions. Mais dans tous les cas, évitez les crédits et privilégiez les paiements comptants.

« Admettons que nous arrivions à payer notre voiture au comptant, en ce qui concerne un logement il est réellement impossible de le payer sans crédit. C'est pourtant une nécessité prioritaire. D'autant plus que la possession d'un appartement fait partie de notre richesse. Comment faites-vous dans ce cas ? »

Exact. Il existe des cas où il est indispensable et même recommandé de faire appel aux crédits pour s'enrichir. Mais pour les utiliser au mieux vous devez être capable d'identifier ce qui servira votre enrichissement ou votre appauvrissement, et plus que tout, vous devez savoir comment dépenser votre argent au mieux de vos intérêts. C'est le thème de la leçon suivante.

Chapitre 3

PRINCIPES D'ENRICHISSEMENT

La différence entre les riches et les pauvres
se trouve à l'endroit où ils signent les chèques.
Les pauvres signent devant. Les riches derrière.

Un point important de l'enrichissement réside dans la manière dont vous utiliserez votre nouveau pouvoir d'achat. Le but de ce chapitre est d'énoncer des règles de base incontournables qui serviront de référence à toutes vos prises de décisions. C'est ce que je vous propose de mettre en évidence au travers de différents principes d'enrichissement.

1er principe : Actifs et passifs

Pour compléter votre éducation financière, nous aborderons quelques notions de comptabilité. Ne fuyez pas. Je resterai très simple sur le sujet, mais suffisamment explicite. Sans compter que vous vous apercevrez que la comptabilité c'est surtout un jargon spécialisé pour décrire des opérations simples que vous effectuez tous les jours.

Tout d'abord il faut que vous appreniez à faire la différence entre :

- un revenu et une dépense, d'une part et
- un actif et un passif, d'autre part.

Les actifs sont constitués par toutes les valeurs capables de générer directement ou indirectement des revenus matérialisés par les sommes qui entrent sur votre compte en banque (schéma 1). Les actifs les plus courants et les revenus associés sont les suivants :

- le travail et le salaire ;
- l'immobilier sera considéré comme un actif uniquement s'il génère des loyers, donc des revenus ;
- les actions d'une entreprise qui produisent du dividende ;
- les placements financiers qui engendrent des intérêts créditeurs.

Les passifs sont matérialisés par les diverses dettes contractées, ainsi que le coût des nécessités que vous devez assumer et qui génèrent les dépenses.

Les passifs les plus courants et les dépenses associées sont :

- la fiscalité et l'impôt,
- les crédits et les intérêts débiteurs,
- toutes les nécessités de la vie quotidienne : nourriture, l'habillement, les loisirs, etc.,
- la pension alimentaire, les amendes, etc.

Il est véritablement important de savoir faire la différence entre un actif et un revenu, ainsi qu'entre un passif et une dépense. Pour vous donner une idée plus précise, vous ne pouvez pas payer votre boulanger avec une partie d'un appartement que vous possédez (actif), mais avec le loyer généré par la location de cet appartement (revenu).

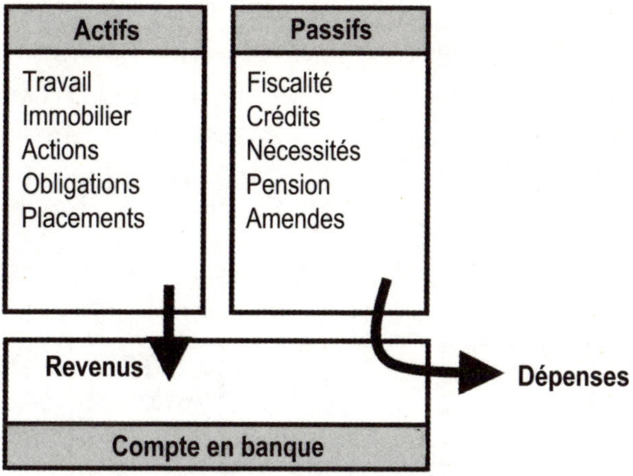

Schéma 1 : Mouvements d'entrée et de sortie des différents actifs et passifs.

Une fois que vous aurez intégré cette notion, la formule gagnante que vous utiliserez pour vous enrichir durablement est la suivante :

Vous devrez posséder et acquérir plus d'actifs que de passifs

Avec trois objectifs toujours présents à l'esprit :

- faire grossir vos actifs,
- limiter et réduire vos passifs,
- veiller à ce que vos recettes soient supérieures à vos dépenses.

Appliquez ces fondamentaux et vous orienterez obligatoirement vos choix et vos comportements économiques dans la bonne direction.

Prenons un exemple. En contractant un crédit à la consommation pour vous offrir le tout nouvel écran plasma, non seulement vous alourdissez votre colonne passif, mais vous générez des dépenses récurrentes (mensualités) pendant que la colonne actif reste vide. Ce qui va à l'encontre de nos règles d'enrichissement (schéma 2).

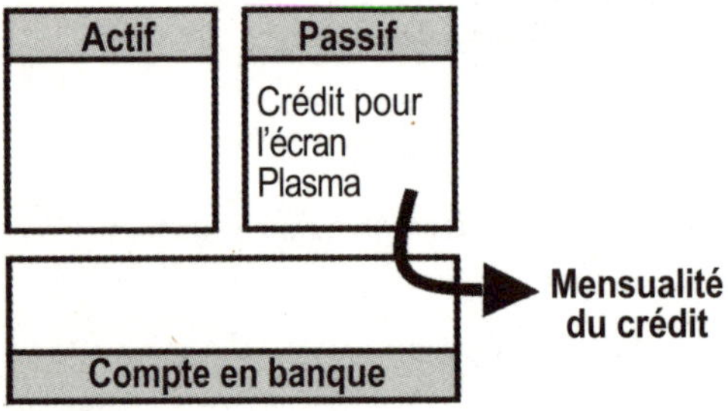

Schéma 2 : Fonctionnement d'un passif.

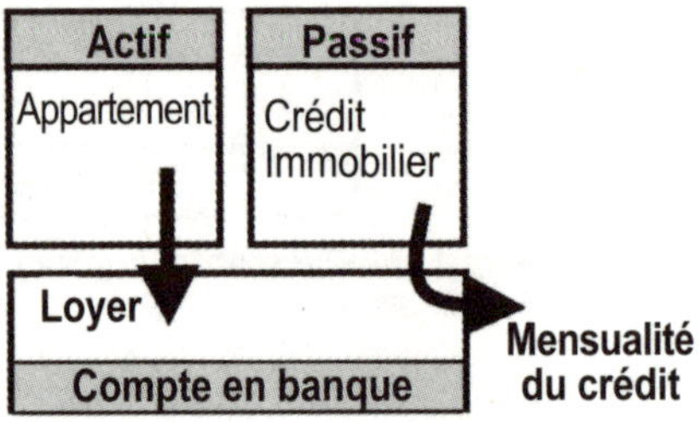

Schéma 3 : État des colonnes actif et passif au début du crédit.

En revanche, si vous empruntez pour acheter un appartement, le montant du crédit viendra gonfler la colonne passif, mais sera compensé par la valeur de l'appartement qui s'affichera dans la colonne actif (schéma 3). À la différence qu'au fur et à mesure du remboursement de l'emprunt, la part des intérêts aura moins de poids que celle du capital. Ainsi, dès le premier remboursement, la colonne des actifs deviendra plus importante que la colonne des passifs (schéma 4).

Le cas de figure idéal étant d'acheter cet appartement dans le but de le louer, en faisant en sorte que le loyer perçu paye tout ou partie de la mensualité du crédit. Dans ce cas, votre passif (le crédit) occasionnera une dépense (mensualité) qui sera compensée par les revenus (loyer) de votre actif (appartement).

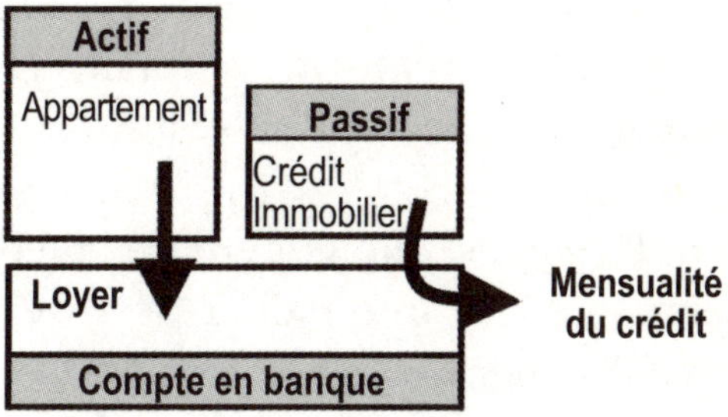

Schéma 4 : Évolution des colonnes actif et passif pendant le remboursement du crédit.

« Si pour s'enrichir il suffit d'acquérir plus d'actifs que de passifs, et la formule semble facile à appliquer, nous pourrions légitimement nous demander pourquoi il n'y a pas plus de riches. Il suffirait que chacun d'entre nous applique cette règle et il n'y aurait plus de pauvres. »

Même si c'est clair pour vous, je suis loin d'être persuadé que la plupart des gens savent ce que sont réellement des actifs et des passifs, et encore moins qu'ils puissent faire la différence entre actif et revenu et entre passif et dépense. Faites l'expérience. Demandez aux personnes de votre entourage quels sont leurs actifs et passifs respectifs et comment ils les gèrent. En fonction de leurs réponses vous pourrez apprécier leur niveau de culture financière, tout en ayant une idée de ce qu'ils sont capables d'entreprendre pour s'enrichir.

« D'accord, mais une voiture est un actif puisque je peux toujours la revendre demain. Je peux donc utiliser un crédit pour l'acheter. »

Non. Hormis si elle génère des revenus, une voiture est un passif. Même si elle a une valeur de revente résiduelle, elle se déprécie inévitablement dans le temps. Ce qui m'amène à vous donner deux nouvelles règles qui vous permettront de bien différencier un actif d'un passif, et de savoir si ce que vous faites participe à votre enrichissement ou à votre appauvrissement.

1/ Investissez uniquement sur des actifs qui vaudront potentiellement plus chers demain, et/ou capables de générer de la richesse et des revenus.

2/ Ne contractez jamais de crédit pour acheter quelque chose qui peut potentiellement valoir moins cher demain.

« Que penser des crédits gratuits. Vous n'allez pas encore nous dire qu'il faut les oublier ! Si nous ne payons pas d'intérêts, nous ne payons rien de plus que le prix. »

La fonction première d'un crédit est de vous pousser à dépenser l'argent que vous n'avez pas, en vous donnant l'illusion que vous êtes suffisamment riche pour le faire. À partir du moment où ils financent des passifs, qu'ils soient gratuits ou non, **tous les crédits à la consommation doivent être oubliés**. Sans compter qu'aucun prêt n'est réellement gratuit. Dans la pratique, c'est le vendeur qui s'organise avec l'organisme prêteur. Ce dernier sait, statistiquement, qu'un certain nombre d'utilisateurs du crédit gratuit rallongeront la durée initiale. C'est à partir de ce moment que l'emprunt devient payant et coûteux.

Si vous tenez à vous enrichir, vous devez bannir tous les crédits à la consommation. Ils ne servent qu'à acquérir des éléments de passif qui favorisent votre appauvrissement. Ils sont l'outil préféré des pauvres et des classes moyennes pour acheter des apparences de richesse qui ne servent qu'à épater la galerie (grosse voiture, derniers jouets technologiques, etc.). Ils permettent seulement d'approcher la richesse sans jamais la posséder et d'humer son parfum sans jamais le saisir.

Ces crédits sont de véritables boulets qui deviennent chaque jour un peu plus lourds à traîner. Ils vous privent de votre liberté d'action en créant des obligations vis-à-vis de vos bailleurs de fonds. Non seulement ils vous empêchent d'avancer, mais ils vous appauvrissent.

Faut-il pour autant renoncer aux plaisirs de la vie? Bien sûr que non. La vie est faite pour être vécue et profiter des joies qu'elle apporte. Mais le bon comportement à adopter consiste à vous enrichir avant et à dépenser après. Si vous faites le contraire, un jour, vous ne pourrez plus faire ni l'un ni l'autre.

Surendettement

Pire encore. Si en plein naufrage, vous sollicitez un crédit pour payer vos dettes ou rembourser un autre crédit, c'est économiquement suicidaire (j'en connais plus d'un qui agit de la sorte). Même si ce type de comportement part d'un bon sentiment et de la volonté de respecter ses engagements, en réalité vous ne faites que repousser et aggraver le problème sans le régler.

Si vous êtes dans cette situation, serrez-vous la ceinture le temps nécessaire. Négociez avec vos créanciers (c'est souvent plus facile que vous ne pourriez le croire), prenez un deuxième travail, faites des heures supplémentaires, mais sortez de ce cercle infernal et tirez-en des leçons.

« D'accord, mais c'est plus facile à dire qu'à faire ! »

Vous pensez vraiment qu'il est plus facile et raisonnable de passer votre temps à payer des intérêts et à contracter crédit sur crédit, plutôt que de vous enrichir ? Si vous êtes endetté, votre priorité doit être de vous débarrasser de toutes vos dettes coûte que coûte. Je vous déconseille fortement de vous adresser à vos amis ou parents pour leur emprunter de l'argent, non seulement c'est la meilleure façon de les perdre, mais vous éviterez également de perdre la face en essayant de justifier vos problèmes. En revanche, voici le plan d'action que je vous propose de suivre :

- répertoriez tout ce que vous devez et appelez vos créanciers. Expliquez-leur votre situation et comment vous projetez de régulariser votre dette. Que ce soit une banque ou un particulier, vos créditeurs préféreront toujours parler avec quelqu'un qui prend ses responsabilités, plutôt que d'avoir affaire à quelqu'un qui ne veut plus répondre au téléphone ;
- liquidez tous vos passifs pendant qu'ils ont encore une valeur. Si vous avez une grosse voiture, vendez-la pour une plus petite ou envisagez les transports en commun ;
- commencez par vous payer en premier en prélevant 10 % sur toutes vos rentrées et placez-les (pas dans la banque où vous devez de l'argent !) sur l'un des différents véhicules d'enrichissement que nous évoquerons plus loin. Ainsi vous commencerez à créer de l'accumulation et de la richesse, car

ce n'est pas parce que vous êtes endetté que vous n'avez pas le droit de vous enrichir !

- payez-vous une seconde fois à hauteur de 10 % et remboursez vos créanciers jusqu'à l'extinction totale de vos dettes. Si certains hurlent, c'est normal. Ne vous laissez pas impressionner. Soyez sûr qu'ils préféreront toujours ce que vous leur donnerez plutôt que rien du tout. Toutefois, cela ne doit pas vous arrêter dans votre effort. Le seul moyen de retrouver votre dignité est d'aller au bout de vos engagements. Même si la somme que vous pouvez rembourser est minime en comparaison de ce que vous devez, faites-le. Chaque euro remboursé viendra toujours en déduction de la somme totale. Si vous ne faites rien, vous devrez toujours la même somme.

Important : si vous avez des problèmes passagers d'argent, ne liquidez jamais aucun actif pour payer vos dettes. *A fortiori* si ceux-ci génèrent des revenus. N'oubliez pas que les actifs (votre richesse) et l'argent sont deux choses différentes. Ils font partie de votre patrimoine. Si vous les cédez pour résoudre vos problèmes d'argent, vous faites un pas dans la mauvaise direction et vous vous appauvrissez.

Un mot sur la commission de surendettement. Sachez que celle-ci est loin d'être la meilleure des solutions. Si vous faites appel à cet organisme d'État, vous serez marqué au fer rouge une bonne partie de votre vie. Une fois débarrassé de vos dettes, il vous sera pratiquement impossible de trouver un établissement financier pour vous prêter de l'argent, même pour acquérir un actif. Ce qui vous empêchera de vous enrichir. Je vous l'ai dit, même avec la meilleure volonté du monde, l'État ne sait que fabriquer des pauvres !

2e principe : Faites en sorte que vos euros valent plus cher

Si vous contractez un crédit pour acquérir un passif, voici le chemin que prendra votre argent. Dans un premier temps vous toucherez votre salaire, payerez des impôts sur ce revenu, vous vous acquitterez de la mensualité de votre crédit et financerez vos nécessités uniquement avec ce qui restera (voir schéma 5). Si vos crédits et le montant de vos impôts sont supérieurs ou égaux à vos revenus, vous n'aurez plus rien pour payer vos nécessités (habillement, nourriture, logement etc.). C'est le cas typique du surendettement.

Schéma 5 : Trajet de votre argent lorsque vous financez un passif.

En revanche, si vous vous endettez pour acquérir un actif qui génère des revenus, non seulement cette nouvelle rentrée vous aidera à financer votre acquisition, mais vous pourrez également déduire toutes les charges inhérentes à cet achat, coût du crédit compris, et payerez vos impôts sur ce revenu uniquement s'il reste quelque chose ! (schéma 6).

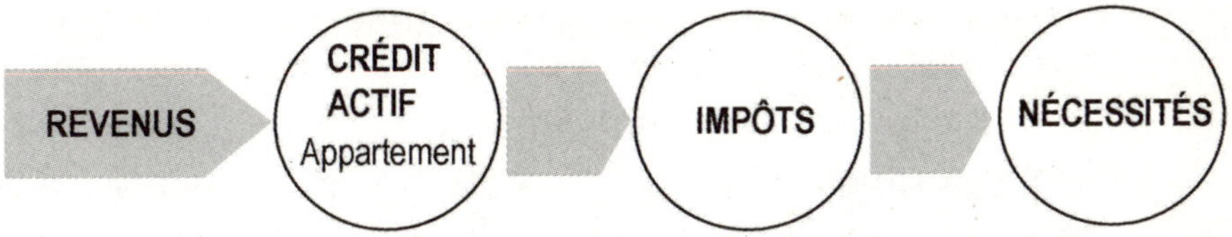

Schéma 6 : Trajet de votre argent pour le financement d'un actif.

« Si je comprends bien, en faisant des acquisitions d'actifs, nous payerons moins d'impôts qu'en finançant des passifs ? »

C'est un peu simplifié, mais c'est vrai. Cela dépend également de votre niveau de revenu. Mais si vous savez utiliser toutes les dispositions fiscales disponibles à votre avantage, vous pourrez réduire votre impôt et utiliser ces nouvelles disponibilités pour poursuivre vos acquisitions d'actifs. La morale de l'histoire n'est pas tant que vous payerez moins d'impôts, mais que…

1 euro utilisé pour acheter un actif vaudra plus cher que 1 euro utilisé pour financer un passif…

Et après on se demandera pourquoi les riches sont toujours plus riches !

Conclusion : Acquérez des actifs et vous vous enrichirez. Financez des passifs et vous payerez plus d'impôts.

« C'est incroyable ce que vous nous racontez. Vous voulez dire que l'État favorise volontairement les riches ? »

Qu'ils soient de droite ou de gauche, les gouvernements ont toujours favorisé la création de richesse et les riches au travers de différents mécanismes. Tout simplement parce les États ne veulent pas les voir quitter le pays. Ils n'apprécient pas que les riches s'expatrient car les recettes fiscales directes s'évanouissent et les conséquences indirectes ne sont guère plus réjouissantes, puisque les riches développent l'économie en donnant du travail à tous. Ils créent un avenir pour la nation et les individus, ou du moins y contribuent largement et activement. Voilà pourquoi tous les gouvernements favorisent l'enrichissement et pourquoi les riches s'enrichissent grâce à leurs placements financiers et immobiliers facilités et défiscalisés.

Vous pensez que ces règles du jeu sont parfaitement injustes? Peut-être. Mais le système est ainsi fait et rien ne vous empêche de l'utiliser à votre tour pour vous enrichir.

La conclusion est simple: faites en sorte que vos euros valent le plus cher possible et vous accélérerez votre enrichissement.

3e principe: PEGR et GEPR

Puisque nous sommes dans l'injustice, je vous propose d'y rester encore quelques instants, le temps de vous poser une nouvelle question: à votre avis, qui travaille le plus? Les riches au golf, ou les pauvres à l'usine?

« Il est évident que ce sont les pauvres, puisque les riches n'ont pas besoin de gagner d'argent. »

Pourquoi dites-vous que les riches n'ont pas besoin de gagner d'argent? Ils ont aussi des nécessités quotidiennes, ne serait-ce que pour manger ou se loger.

« Alors disons qu'ils gagnent leur argent sans avoir besoin d'aller au bureau. »

Vous brûlez. En réalité ils gagnent leur argent en faisant moins d'efforts. Et plus ils en gagnent, moins ils ont d'efforts à produire! Pour démontrer cette affirmation je prendrai l'exemple classique du propriétaire qui loue son appartement à un locataire. À votre avis, entre les deux protagonistes, qui fait le moins d'efforts pour s'enrichir?

« Il est évident que c'est le propriétaire. Celui-ci ne fait qu'encaisser les loyers, alors que le locataire travaille pour payer son loyer. »

Exactement! J'ajouterai même que le locataire travaille pour enrichir le propriétaire. Le premier fait dans le temps un effort toujours plus important pour payer un loyer qui augmente et qui ne lui rapporte rien à terme. Le second dépense quelques minutes par mois pour vérifier que le montant du loyer a bien été versé sur son compte, et s'enrichit toujours un peu plus au fur et à mesure que le loyer augmente. Cet exemple me permet d'introduire deux concepts importants de l'enrichissement que j'appelle :

- PEGR (Petits Efforts Gros Résultats) ;
- GEPR (Gros Efforts Petits Résultats).

Regardez autour de vous, dans la vie de tous les jours et constatez qui s'enrichit et comment il le fait. Dans 90 % des cas vous observerez ces deux concepts à l'œuvre. Sachez les reconnaître et les utiliser pour vous enrichir. Mettez-vous en mode PEGR en acquérant des actifs qui génèrent des revenus, et vous gagnerez votre indépendance financière plus rapidement. Utilisez le mode GEPR en finançant à perte des passifs et vous vous épuiserez à vous appauvrir.

« Je suis encore une fois d'accord avec vous, mais lorsque nous débutons dans la vie, le mode GEPR est un passage obligé. Même si nous commençons à épargner à partir de notre salaire, nous enrichissons obligatoirement notre patron. Ou le propriétaire de l'appartement que nous louons parce que nous n'avons pas eu encore le temps ou la possibilité de faire un emprunt pour acquérir un toit. Dans les deux cas nous subissons le mode GEPR. »

Pour tous ceux qui n'ont pas de patrimoine ou de capital de départ, nous sommes obligatoirement en GEPR au début de notre vie économique. Votre premier objectif doit être de passer le plus rapidement possible en mode PEGR et de faire en sorte que les revenus de vos actifs vous donnent accès à la liberté financière.

« À quel moment peut-on considérer que nous sommes financièrement libres ? »

Une fois encore il est difficile de répondre précisément à cette question. La réponse dépend uniquement de votre objectif. Si votre souhait est d'arrêter de travailler, il faut que les revenus nets de vos actifs génèrent suffisamment de rentrées pour couvrir vos nécessités. C'est ce que l'on appelle l'indépendance financière.

Le schéma 7 représente l'indépendance financière idéale et illustre parfaitement le mode PEGR. Les passifs sont réduits au minimum et les actifs génèrent des revenus suffisants pour couvrir toutes les dépenses. En continuant de prélever 10 % sur chaque rentrée et en les réinvestissant systématiquement dans l'acquisition d'actifs, ces derniers continuent de grossir et d'enrichir leur propriétaire.

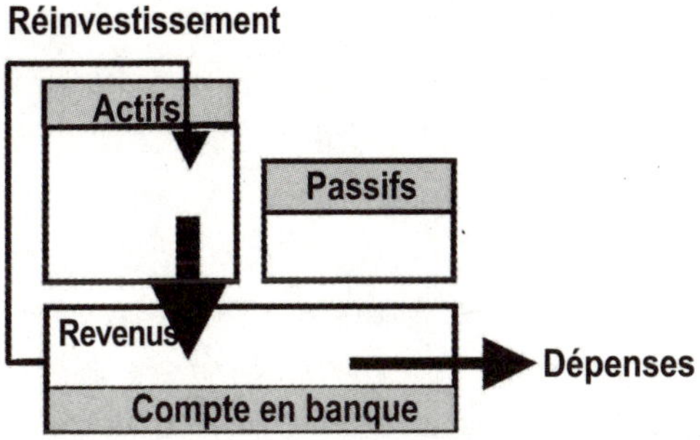

Schéma 7 : Représentation de l'indépendance financière et de l'autofinancement.

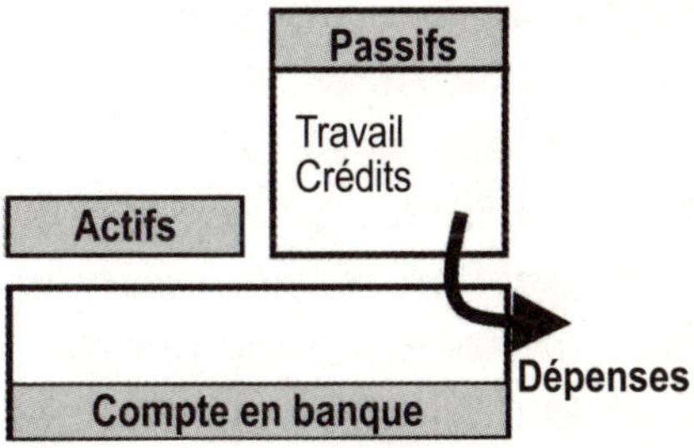

Schéma 8 : Représentation du financement d'un passif.

Maintenant jetez un coup d'œil au schéma 8. Il représente le cas type du financement de passif qui ne rapporte strictement rien et qui conduit à l'asphyxie financière si les crédits sont utilisés à outrance. Tous les fruits du travail sont utilisés pour le quotidien et pour rembourser les dettes (GEPR) sans jamais rien consacrer à la création de richesse.

Objectifs de vie

Avant d'aborder la deuxième partie de notre processus d'enrichissement, il y a une chose importante que vous devez savoir : si vous appliquez à la lettre tous les principes que je viens d'exposer, vous accumulerez de la richesse, mais vous perdrez votre âme !

Si votre objectif est uniquement de gagner de l'argent, vous pourriez passer à côté de votre vie et de choses aussi importantes que vos enfants ou votre liberté. On ne peut pas résumer la vie des gens à de simples graphiques ou à des termes aussi stricts que ACTIF ou PASSIF. La vie est faite de joies et d'émotions qui la rendent à la fois intense et excitante. Bien sûr l'argent vous aidera à surmonter les problèmes et à profiter des plaisirs de la vie, mais il ne remplacera jamais l'amour de vos proches.

Posez-vous les questions suivantes :

- Quelle est votre priorité? Votre grosse voiture, vos appartements, ou votre liberté et le bien-être de vos enfants?
- Que voulez-vous faire de votre vie? Amasser euro après euro jusqu'à la fin de vos jours, ou prendre votre retraite le plus tôt possible et profiter de la vie?

Bien s'enrichir ne se résume pas à accumuler de la richesse mais à définir des objectifs de vie. Une fois précisés, l'argent et la richesse doivent être des moyens pour les atteindre. Pas une finalité. Réfléchissez bien à cet aspect. De votre réponse dépend votre destination. Si votre but unique est d'accumuler de la richesse, il y a de fortes chances que vous serez le plus riche du cimetière sans avoir vraiment pris le temps d'en profiter. En revanche, si vous cherchez à vous enrichir dans le but de mieux vivre, vous profiterez beaucoup plus de votre richesse.

Nos objectifs sont essentiellement définis en fonction de nos considérations personnelles, de nos expériences, de nos aspirations, de nos préoccupations et de nos croyances. C'est pour cette raison que nous avons tous des ambitions différentes. Vous avez parfaitement le droit d'aspirer à prendre une retraite anticipée, de penser que l'avenir de vos enfants est plus important que vos vacances, ou leur offrir tout ce que vous n'avez pas eu dans votre jeunesse. C'est votre choix qui prime. Mais pour atteindre vos objectifs, vous devrez les définir avec précision.

Tant que vous ne serez pas passé par cette étape, vous ne saurez pas exactement ce que vous désirez. Et si vous ne savez pas où vous souhaitez aller, il y a peu de chance pour que vous y arriviez. Que vous soyez Matuvu ou Clactou n'a pas réellement d'importance. Ce qui est réellement capital c'est d'être clair avec vous-même et de déterminer précisément vos objectifs. N'hésitez pas à les coucher sur le papier et ne culpabilisez pas si l'un de vos buts est d'aller bronzer deux fois par an dans les Caraïbes. L'argent est aussi fait pour ça.

« Oui mais vous nous avez démontré que les Clactou et Matuvu avaient peu de chance de s'enrichir ! »

C'est vrai, mais le fait de clarifier les choses vous permettra de prendre conscience de ce que vous êtes et de ce que vous souhaitez devenir. Ensuite, il vous sera plus facile de déterminer les actions qui doivent être entreprises pour atteindre vos objectifs.

N'ayez pas honte

N'ayez pas honte de vous enrichir, c'est le meilleur moyen d'aider les autres. Vous pouvez avoir toute la sympathie du monde pour les plus déshérités et penser que le monde est injuste, mais ce n'est pas votre compassion qui leur donnera à manger.

Et si vous avez besoin d'un alibi spirituel pour agir, ou si quelqu'un vous dit que l'argent est la source de tous les maux, n'hésitez pas à le reprendre en lui citant la Bible : « Ce n'est pas l'argent qui est la source de tous les maux, mais l'amour de l'argent » (Timothée, chapitre 6, verset 10).

L'argent et la richesse ne vous donneront pas obligatoirement accès au bonheur complet, mais vous apporteront une aide précieuse en vous permettant de construire un environnement propice à votre développement personnel.

Plan d'action

Pour conclure cette partie, je voudrais récapituler ce que nous avons découvert dans les deux précédents chapitres.

- tout d'abord, nous avons appris à différencier l'argent et l'acquisition de richesse ;
- ensuite, nous avons vu comment sortir du piège de la dépense en consommant autrement pour commencer à générer de l'accumulation et mettre en place le processus de l'enrichissement ;
- enfin, nous avons mis en évidence les principes d'enrichissement qui nous aideront à optimiser nos investissements, et dicté des règles pour identifier un actif et un passif afin de déterminer si un crédit est envisageable.

Tous ces conseils et recommandations nous permettent de mettre en place un premier plan d'action :

- payez-vous systématiquement en premier sur toutes vos rentrées ;
- définissez vos objectifs ;

- ajustez vos nécessités et construisez un budget en fonction de vos besoins réels ;
- achetez des actifs ;
- éliminez les passifs.

Mettez ce plan en place et inspirez-vous des principes évoqués. Ils sont simples, efficaces et relèvent essentiellement du bon sens. Le plus difficile ne sera pas de décider de le faire, mais d'agir vraiment. Au début vous éprouverez peut-être quelques difficultés dues au changement de vos habitudes comportementales. Mais au fur et à mesure vous prendrez du plaisir et dégagerez une certaine fierté en trouvant des alternatives à votre gestion quotidienne. Au-delà de tout, vous éprouverez une grande satisfaction en sachant que votre avenir financier est sous votre contrôle, et vous commencerez à apprécier la sécurité que procure l'acquisition de richesses. Plus vous avancerez, plus vous développerez une certaine sérénité en sentant que vous vous enrichissez en suivant votre plan d'action. Pour finir, vous saurez, au-delà de n'importe quel doute, que ce plan fonctionne réellement.

« Pour le moment vous nous avez donné des règles de conduite à appliquer pour nous enrichir, mais nous ne savons pas vraiment comment les mettre en œuvre. Que feriez-vous si vous étiez à notre place ? »

Un peu de patience. Pour le moment je tiens à ce que vous assimiliez tous les principes de base qui vous permettront de bâtir les fondations de votre future richesse. Dans ce qui suit, nous aborderons le fonctionnement des différents véhicules d'enrichissement comme les placements, la bourse et l'immobilier. Pour finir, nous définirons un plan de route complet pour vous aider à matérialiser votre richesse et faire grossir votre compte en banque.

Chapitre 4

PLACEMENTS : LA COURSE CONTRE L'INFLATION

L'intérêt composé : la plus grande découverte mathématique de tous les temps.
Attribué à Albert Einstein

Maintenant que vous savez générer l'impulsion de départ et que vous connaissez les principes fondamentaux qui favoriseront votre enrichissement, nous allons mettre votre argent au travail et faire fructifier votre capital. C'est le thème de la deuxième partie de notre processus d'enrichissement : la création et le développement de votre richesse.

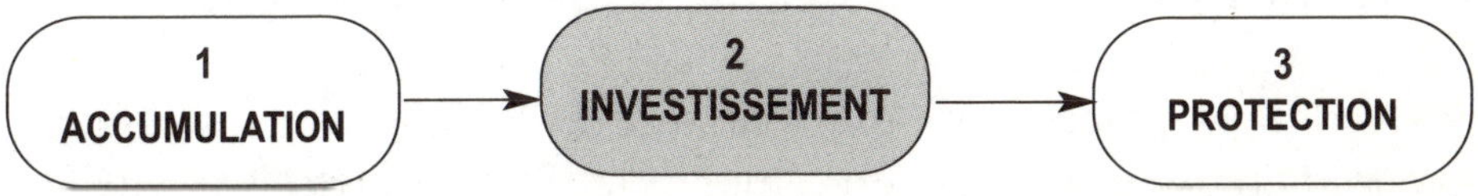

Pour atteindre nos objectifs nous utiliserons différents véhicules comme l'immobilier, l'entreprise et les placements. Bien que la bourse puisse être rangée dans cette dernière catégorie, nous traiterons le sujet séparément.

Commençons par les placements qui représentent la façon la plus simple de développer votre épargne. Ils exigent peu de travail et d'attention et utilisent un miracle de la finance moderne que l'on appelle *l'intérêt composé.* Le seul travail que vous aurez à fournir sera de trouver un placement qui garantisse le plus fort rendement possible, d'y déposer chaque mois votre accumulation, et d'attendre patiemment !

« Comment fonctionne l'intérêt composé ? »

Toutes les sommes épargnées sont placées sur un véhicule financier qui produit des intérêts en fonction d'un taux. Dans le cas des Chuipariche nous avons évoqué un taux de 5 %. C'est-à-dire qu'en plaçant 15 % de leurs rentrées, soit 4500 euros par an, ils obtenaient au bout d'un an la somme de 4500 euros augmentée de 5 % (4500 x 1,05), soit 4725 euros. L'année suivante ces mêmes 4725 euros rapporteront de nouveau 5 %, soit 236,25 euros, ce qui portera leur capital à 4961,25 euros. Et ainsi de suite. Il en sera de même pour toutes les sommes placées en cours de route sur ce même véhicule, qu'elles proviennent ou non de votre accumulation.

Comment enrichir vos arrières petits-enfants

Les premiers placements qui viennent à l'esprit sont les fameux livrets d'épargne dont le rendement est d'environ de 2 % par an. Pour évaluer leur capacité à vous enrichir, je vous propose de calculer la somme et la durée nécessaire pour obtenir 300000 euros en utilisant ce type de placement.

À partir des résultats affichés sur le graphique 1, nous pouvons tirer une première conclusion : si vous comptez sur votre livret d'Épargne pour faire fortune, vous allez attendre très longtemps !

Pour être plus précis, 90 ans si vous épargnez 100 euros par mois (GEPR), et les seuls qui en profiteront seront vos petits et arrières petits enfants !
Si vous êtes vraiment tenace et que vous tenez à vous enrichir avec votre livret, dans un délai raisonnable, disons 10 ans, vous devrez épargner pas moins de 2 240 euros par mois pour atteindre ces mêmes 300 000 euros !

Richesse et inflation

De toute évidence, si vous souhaitez produire de la richesse et en profiter, ce ne sont certainement pas les bons produits. En réalité la fonction première de ces livrets est de compenser l'inflation qui érode peu à peu la valeur de votre argent en rémunérant l'épargne à un taux fixé et garanti par l'État. Par conséquent, si vous utilisez des placements dont le rendement est proche ou égal à celui de l'inflation, vous ne créerez aucune richesse et votre argent travaillera uniquement dans le seul but de ne pas vous appauvrir.

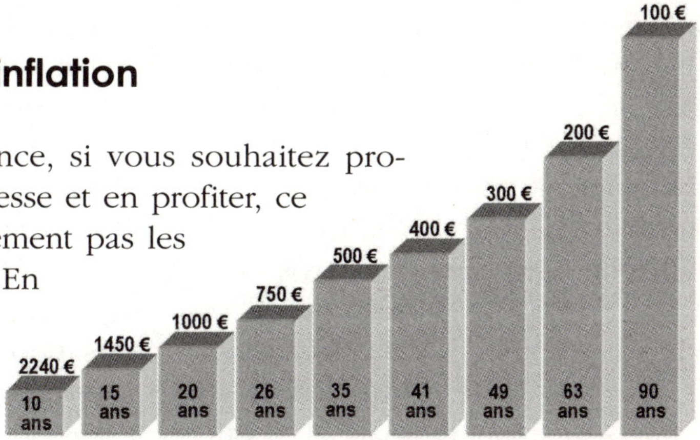

Graphique 1 : durée et somme à investir mensuellement sur un livret d'épargne à 2 % pour atteindre 300 000 €.

Ce principe s'applique à n'importe quel autre actif, qu'il soit immobilier ou financier. Pour l'exemple nous dirons que vous avez acquis, il y a 5 ans, un actif d'une valeur de 10 000 euros. Nous considérerons également que le rendement minimum que vous pouvez obtenir sans aucun risque pour votre argent est de 2 %. C'est ce taux qui nous servira de référence.

Supposons maintenant que vous revendiez cet actif aujourd'hui pour la somme de 12000 euros. Pouvez-vous me dire combien vous avez réellement gagné?

« Si je dis 2000 euros, je parie que vous allez dire que je me trompe! »

Effectivement. En valeur absolue vous avez bien gagné 2000 euros, mais en pouvoir d'achat c'est loin d'être le cas. Car si votre argent avait été placé sans risque à 2 % sur un livret d'épargne pour couvrir le coût de l'inflation, au bout de 5 ans vous auriez sur votre compte la somme de 11041 euros. Par conséquent le bénéfice réel obtenu par cette vente n'est pas de 2000 euros, mais de 959 euros.

Tout ceci nous amène à dire que la valorisation de votre argent est indissociable d'une composante mesurée par le temps, matérialisée par l'impact de l'inflation sur sa valeur. C'est ce que nous appellerons la *Valeur Temps* (VT). Nous nommerons également le bénéfice réalisé *Bénéfice sur Valeur Temps* (BVT).

Pour commencer à vous enrichir et retirer un bénéfice de vos investissements, vous devez absolument investir sur des véhicules dont la valorisation est potentiellement supérieure à la *Valeur Temps*. Dans le cas contraire vous ne ferez rien d'autre que lutter contre votre appauvrissement (c'est le principe GEPR, Gros Efforts Petits Résultats). Nous pourrions également dire qu'il y a enrichissement dès que le BVT est supérieur à VT.

« Pour résumer, un bénéfice n'est pas uniquement matérialisé par la différence entre le prix d'achat et le prix de vente. Il faut obligatoirement prendre en compte la valeur temps de l'inflation. Donc, si j'ai acheté des actions en bourse il y a 10 ans et que je les revends aujourd'hui avec 20 % de bénéfice, j'ai perdu de l'argent puisqu'en plaçant cet argent à 2 % je serais ressorti avec 21,9 %. »

Croyez-le ou non, même en vendant votre actif plus cher que vous ne l'avez acheté, vous n'avez aucune garantie que vous vous êtes enrichi. Quel que soit l'investissement que vous fassiez, il est important de prendre en compte la VT, au risque de ne pas optimiser vos placements. Peu de personnes se préoccupent de cette notion. Au final, ils s'appauvrissent sans s'en rendre compte ou s'enrichissent moins vite qu'ils ne le devraient.

La seule façon de vous enrichir est de faire travailler votre argent avec des rendements supérieurs à celui de l'inflation. Pour visualiser cette notion je vous propose de vous reporter au graphique 2. La courbe la plus basse représente l'inflation. Tout ce qui progresse au-dessus de cette courbe matérialise la richesse que vous générez au cours des ans.

« Le plus étonnant, sur votre graphique, c'est que plus les courbes progressent plus l'écart est important. Devons-nous en conclure que plus nous avançons dans le temps plus nous nous enrichissons rapidement ? »

Excellente remarque. Bien que les progressions du capital et de l'inflation soient basées sur des taux fixes (cas théorique du graphique), la progression géométrique de l'intérêt composé fait que plus le taux est élevé, plus l'accélération de votre richesse est importante.

C'est exactement pour cette raison que l'écart entre les riches et les pauvres est toujours plus important, et que les riches sont toujours plus riches.

Pour aller plus loin je vous propose de comparer sur 15 ans les gains générés par un capital de 10 000 euros placé à 10 % par an en le confrontant à celui de l'inflation, soit 2 % actuellement (tableau 1). Bien que le taux de 10 % ne soit que 5 fois supérieur à 2 %, au bout de 15 ans le gain est 9,2 fois plus important.

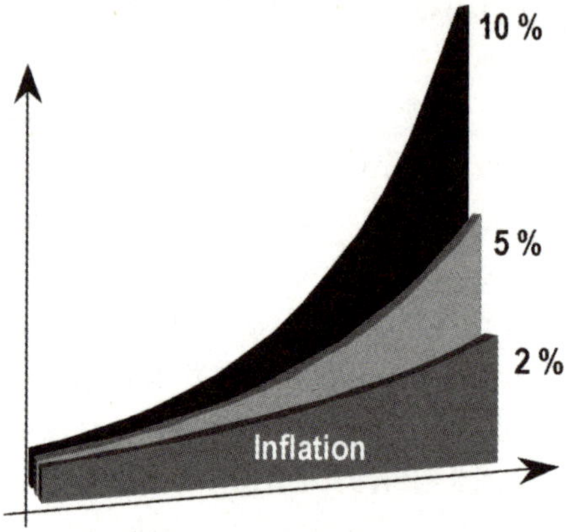

Graphique 2 : Courbes comparatives entre inflation et différents placements à 5 et 10 %.

« En tenant compte de ce constat mathématique, nous pouvons dire que si le taux d'inflation était plus élevé nous nous enrichirions plus rapidement avec notre livret d'Épargne. Il suffirait donc que les gouvernements laissent courir l'inflation pour résoudre le problème des plus pauvres. Ils pourraient acquérir ainsi un appartement à crédit sur une durée très longue et attendre que sa valeur progresse avec le temps. »

Sur le papier cela semble fonctionner, mais dans le monde réel vous atteindrez rapidement les limites du système. Car en laissant courir l'inflation, nous aurions à affronter des problèmes plus importants. Avec une inflation qui enfle, les prix et les coûts de fabrication augmentent. Dans un contexte de mondialisation, si nos produits deviennent trop chers, nous perdons de la compétitivité face aux pays concurrents, ce qui nous handicapera aussi bien à l'étranger que sur notre territoire à cause des importations à bas prix. Dès lors nos entreprises seront obligées de licencier, et nous savons tous que le chômage ne fait pas avancer l'économie.

	2 %	10 %	Écart
1 an	200	1 000	800
2 ans	404	2 100	1 696
3 ans	612	3 310	2 698
4 ans	824	4 641	3 817
5 ans	1 041	6 105	5 064
6 ans	1 262	7 716	6 454
7 ans	1 487	9 487	8 000
8 ans	1 717	11 436	9 719
9 ans	1 951	13 579	11 629
10 ans	2 190	15 937	13 747
11 ans	2 434	18 531	16 097
12 ans	2 682	21 384	18 702
13 ans	2 936	24 523	21 587
14 ans	3 195	27 975	24 780
15 ans	3 459	31 772	28 314

Tableau 1 : Évolution et comparaison de la création de richesse entre l'inflation et un placement à 10 %.

Nous pourrions établir un parallèle avec la forte poussée de l'immobilier. Sur les huit dernières années, ce marché a progressé de 15 % par an, enrichissant tous ceux qui avaient su acheter et revendre au bon moment. Regardez les conséquences de cette inflation. De moins en moins de personnes peuvent devenir propriétaires et les riches deviennent toujours plus riches. Il devient évident que les prix ne pourront pas continuer de progresser à cette vitesse, car bientôt il n'y aura plus personne pour acheter. Pour résumer, si vous tenez vraiment à vous enrichir vous devrez obligatoirement utiliser autre chose que les livrets d'Épargne.

Quels placements choisir ?

Il existe essentiellement deux types de placements. Les premiers, sur lesquels vous pouvez épargner chaque mois, sont parfaitement adaptés à notre philosophie de se payer en premier. Les plus connus sont les contrats d'assurance vie qui permettent de bénéficier d'avantages fiscaux intéressants, et qui protègent votre capital ainsi que les intérêts produits par un mécanisme de cliquet. C'est-à-dire que la performance affichée en fin d'année est définitivement acquise et ne peut-être reprise quels que soient les aléas éventuels. C'est un des aspects qui rend ce type de placement très sûr et populaire.

Si vous êtes disposé à prendre quelques risques, vous trouverez d'autres placements plus rémunérateurs. Ces investissements sont souvent réalisés en un versement unique et pour une durée déterminée. Vous les retrouverez sous forme d'obligations ou de produits structurés (téléchargez un exemple de placement avec capital garanti proposant un rendement pouvant aller jusqu'à 32 % à l'adresse Internet suivante : www.toutlemondemeritedetreriche.com/infos.htm). En fonction de leurs compositions, leur progression sera liée à l'évolution de sous-jacents comme la bourse, les matières premières, les taux d'intérêts, etc. Je vous donne un exemple. En 1998, une de mes banques me proposait un placement avec un rendement annuel garanti de 13 % pour les deux années à venir, mais en ne garantissant que 80 % du capital.

Pour obtenir ce rendement important, le cours des actions Alcatel et KPN (entreprise de télécommunication néerlandaise) ne devaient pas baisser de plus de 20 % à partir d'un prix de référence. Dans le cas contraire, chaque année la banque me versait bien mes 13 %, et restituait le capital à l'échéance, non pas en argent, mais en actions des sociétés concernées. Pour la petite histoire, sur la période concernée ces actions progressèrent de 300 %, mais je ne reçus que les 13 % promis !

Autre placement bien connu : les obligations. Elles sont émises aussi bien par les États que par les entreprises qui cherchent à collecter des capitaux. Cet emprunt obligataire a une durée de vie limitée pendant laquelle le souscripteur reçoit un intérêt régulier, appelé « coupon », et se voit rembourser de la totalité de son capital à la date d'échéance.

Le rendement d'une obligation étant lié à la solvabilité de l'émetteur, si celui-ci a mauvaise réputation il devra séduire en proposant des taux d'intérêts importants. Et bien que le terme obligation soit utilisé, vous n'avez aucune certitude d'être remboursé. Mesurer la qualité d'un émetteur devient donc primordial, car s'il fait faillite, vous perdrez votre capital. À cet effet les obligations sont notées par des organismes accrédités, de A à C. Les notes AAA, AA, A et BBB sont attribuées à celles qui présentent le moins de risque. Les plus mauvaises sont gratifiées de B, BB, C, CC, CCC et considérées comme dangereuses et spéculatives en raison du risque qu'elles engendrent.

Les obligations émises par les États des pays économiquement et socialement stables obtiennent logiquement la note maximale car ils offrent une plus grande sécurité de remboursement. En contrepartie, le rendement sera souvent moins élevé. Le risque est plus important pour les entreprises qui peuvent, potentiellement et éventuellement, faire faillite. Malgré cela en cherchant bien, vous trouverez certainement quelques pépites bien notées qui offrent d'excellents rendements.

Ainsi en 2001 et 2002, j'eus la chance d'acheter des obligations notées « A » qui offraient un rendement de 11,75 %. Je dois reconnaître que ce sont des occasions rares, surtout lorsque les taux d'intérêts directeurs sont bas. Mais rien ne vous empêche de rester à l'affût. Nous reparlerons de ces obligations un peu plus loin.

Procrastination

D'après vous, quel est le principal obstacle à l'enrichissement?

« Les impôts? »

Étonnant comme réponse, d'autant plus qu'elle revient régulièrement. En réalité nous sommes nous-mêmes le principal obstacle à notre enrichissement avec notre tendance à remettre au lendemain ce qui devrait être fait aujourd'hui. C'est ce que l'on appelle la *procrastination.*

Pour illustrer cette notion je vous raconterai l'histoire des jumeaux Vincent et Christophe. Vincent n'ayant pas d'affinité particulière avec les études, entra dans la vie active dès l'âge de 18 ans. Habitant encore chez ses parents et en suivant les excellents conseils de son père, Vincent réussit à épargner 3 000 euros par an en se payant en premier 250 euros par mois. Suite à un accident, celui-ci fut contraint d'interrompre son effort financier à l'âge de 28 ans, en ayant donc placé 30 000 euros sur 10 ans.

Son frère Christophe entreprit des études plus longues et ne commença à épargner la même somme qu'à 28 ans, c'est-à-dire à l'âge où son frère arrêta d'investir.

En supposant que les sommes épargnées aient été placées à un taux de 8 % par an, à 60 ans Vincent se retrouvera à la tête d'un capital de 594 969 euros. Tandis que son frère qui aura épargné de 28 à 60 ans la somme totale de 99 000 euros, se retrouvera avec seulement 472 880 euros (graphique 3).

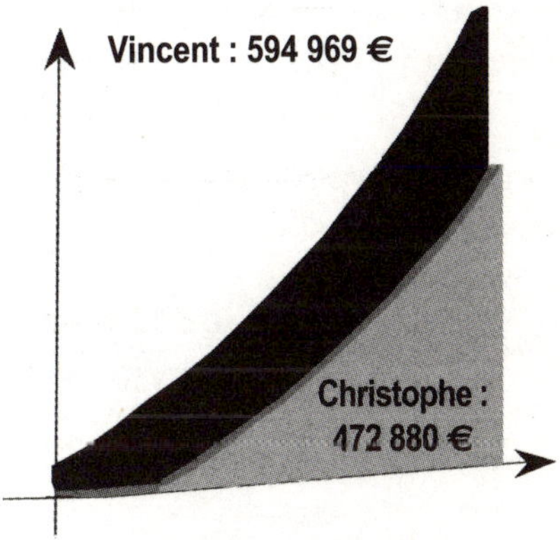

Graphique 3 : Évolution de la richesse de Vincent et Christophe

Bien que Christophe ait investi pendant 33 ans, 3 fois plus que son frère, celui-ci n'a jamais égalé le capital accumulé par Vincent qui n'a produit son effort que pendant 10 ans. Cet exemple démontre parfaitement que ce ne sont ni la somme investie ni le niveau d'études qui compte, mais le paramètre *temps* et la valeur qu'il donne à l'argent.

Time is money

Supposons maintenant que Christophe ait contracté un crédit à la consommation sur trois ans pour se payer une décapotable, l'obligeant à retarder d'autant ses investissements.

Arrivé à 60 ans, il aura fait un effort d'épargne de 90000 euros qui lui auront rapporté 367039 euros au lieu des 472880 euros. Nous pourrions également dire que sa décapotable lui aura coûté 105846 euros, ou encore que les 9000 euros non investis durant ces trois années pèseront, au final, presque 12 fois plus ! Soit bien plus que le coût de l'inflation.

La conclusion s'impose d'elle-même :

Plus tôt vous commencerez,
plus vite vous vous enrichirez

Je ne soulignerai jamais assez le fait qu'il est important pour vous de mettre votre argent au travail le plus rapidement possible. Quels que soient vos moyens, votre âge et le véhicule d'enrichissement utilisé, n'attendez plus. **Faites-le dès aujourd'hui !** C'est le meilleur service que vous puissiez vous rendre.

« Excusez-moi, mais je ne peux pas faire ce que vous recommandez ! »

Et pourquoi donc ?

« Je n'ai aucun problème pour investir 250 euros par mois, ou plus, mais je n'ai pas 30 ans devant moi ! »

C'est effectivement le problème de la plupart des gens. Entre 20 et 40 ans, ils pensent à autre chose qu'à leur avenir et se réveillent au moment où ils commencent à se poser des questions au sujet de leur retraite.

Rassurez-vous, même si vous n'avez pas 30 ans devant vous, j'ai plusieurs solutions à vous proposer pour vous aider à remonter le temps avec des rendements supérieurs à 10 ou 15 %. Mais de grâce, n'utilisez pas comme alibi l'existence de ces possibilités pour continuer à remettre à demain ce que vous devez faire aujourd'hui. **Quel que soit le temps dont vous disposez : n'attendez pas**.

Toujours est-il que c'est une leçon dont vous pouvez tirer parti pour vos enfants. Car rien ne vous empêche, dès maintenant, de mettre en place des solutions de placement et de commencer à les éduquer sur le sujet.

Pour achever de vous convaincre, regardez le graphique 4. Celui-ci indique l'âge du premier investissement et la somme qui doit être placée chaque mois à 8 % pour atteindre le capital de 100 000 euros à 60 ans. Il apparaît que pour des sommes minimes (27 euros par mois, soit moins d'un euro par jour à l'âge de 20 ans) vous pouvez les aider à assurer leur avenir en les incitant à investir régulièrement et en leurs donnant les bonnes habitudes. Les retombées et les avantages seront multiples pour tous : non seulement vous les sensibilisez à la gestion de leurs ressources, mais vous les aidez à devenir autonomes et à se prendre en charge. Dès qu'ils seront capables de s'enrichir, vous accélérerez votre enrichissement personnel puisqu'ils ne seront plus (économiquement) dépendants de vous.

« Je remarque que vous prenez comme hypothèse que vous êtes capable de placer votre argent à 8 %. Pourtant c'est loin d'être le cas aujourd'hui. Dans le meilleur des cas mon banquier me propose des placements qui excèdent rarement 5 %. »

Je vous concède que les placements classiques sont généralement peu rémunérateurs. Ils conviennent surtout à ceux qui ne veulent prendre aucun risque pour leur capital. Si vous souhaitez aller plus loin, je vous propose d'explorer d'autres secteurs, beaucoup plus motivants, où les rendements peuvent largement dépasser les 10 %. Commençons par l'immobilier.

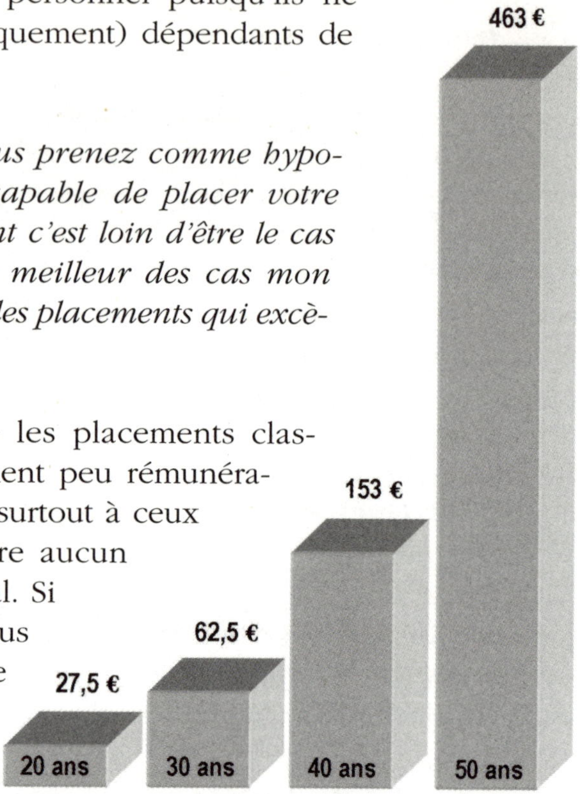

Graphique 4 : Somme mensuelle à investir en fonction de son âge pour atteindre 100 000 € à 60 ans

Chapitre 5

IMMOBILIER

Donnez-moi un levier assez long et je soulèverai le monde.
Archimède

Dans ce chapitre nous étudierons les possibilités qu'offre l'immobilier. C'est un domaine qui peut se révéler bien plus rémunérateur que les placements, s'il est correctement utilisé.

Bien qu'il puisse connaître des hauts et des bas, l'immobilier a la réputation d'être un secteur stable, nourri par une demande constante, elle-même alimentée par la nécessité qu'il faut et qu'il faudra toujours se loger. C'est un marché peu réactif, ce qui ne l'empêche pas d'afficher un certain dynamisme sur certaines périodes, puisqu'une transaction demande plusieurs mois pour être menée à bien. Renforcé par le fait que le nombre de clients potentiels est limité pour chaque transaction, et que le coût unitaire est de l'ordre de plusieurs dizaines ou de centaines de milliers d'euros.

En dehors de l'acquisition d'une résidence principale, le mécanisme le plus connu pour s'enrichir consiste à acquérir un bien immobilier et à le louer pour financer un crédit. Les investisseurs connaissent bien ce principe, mais la plupart ne savent pas quelle est la première personne qu'ils enrichissent : eux-mêmes, le banquier ou le vendeur ? Pour vous éviter quelques erreurs je vous propose d'aborder certaines subtilités rarement évoquées, qui permettront de faire fructifier votre argent beaucoup plus rapidement.

Comme tous les types d'investissement, si vous tenez à vous enrichir dans de bonnes conditions et amortir rapidement votre actif, il est primordial de savoir quoi, quand et comment acheter. Dans un premier temps je vous propose de répondre à ces différentes questions, ensuite nous regarderons comment optimiser le rendement de vos acquisitions.

Archimède : précurseur de la finance moderne

L'obstacle majeur à l'acquisition d'un bien immobilier est essentiellement lié au prix élevé de ce type de produit. Il devient donc nécessaire de faire appel au crédit en utilisant un mécanisme financier que l'on appelle : *effet de levier*. C'est à ce moment-là qu'Archimède entre en scène et nous fait découvrir qu'en matière d'enrichissement, l'effet de levier est avant tout synonyme de vitesse d'enrichissement.

« Que vient faire Archimède en matière d'enrichissement ? »

Archimède a mis en évidence que plus un levier était long, plus il permettait de soulever des charges importantes avec un minimum d'effort. Regardons comment utiliser cette analogie en matière de finance.

Il y a quatre éléments à considérer dans la mise en place d'un effet de levier (cf. graphique 5) :

- l'objectif (1) que vous tentez d'atteindre. Par exemple l'acquisition d'une maison dont le prix est de 100 000 euros ;

- le point d'appui (2). C'est sur vous que repose l'édifice financier que vous mettrez en place, et sur lequel le levier viendra s'appuyer. Ce point d'appui devant être assez solide pour supporter le poids de l'édifice. Cette solidité est déterminée par votre capacité à rembourser l'emprunt que vous contracterez.
- le levier en lui-même (3). Tout dépend de sa longueur. Plus il sera long, moins vous aurez d'effort à fournir. Plus il sera court, plus l'effort sera important. Dans le cadre d'un emprunt la longueur du levier correspond à la durée du crédit. Si vous remboursez 100 000 euros sur 20 ans à 5 %, votre effort mensuel sera de 656 euros. En réduisant la durée à 4 ans, ce qui revient à raccourcir le levier, votre mensualité s'élèvera à 2 303 euros. Soit un effort 3,5 fois supérieur ;
- la force appliquée (4) pour soulever l'objectif (1) est constituée par la somme que vous rembourserez chaque mois. Cette somme pouvant provenir du loyer perçu ou de tout autre revenu indirect comme une exonération fiscale. Plus vous appliquerez une force importante sur le levier, plus l'édifice s'élèvera rapidement et plus l'acquisition sera rapide.

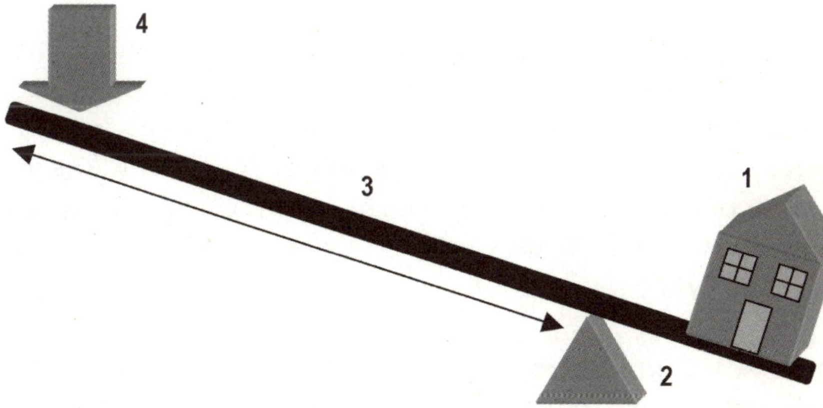

Graphique 5 : L'effet de levier appliqué à l'acquisition d'un bien immobilier.

« Mais à quel moment gagnons-nous de l'argent dans ce type de montage ? »

Lorsque vous faites l'acquisition d'un bien immobilier à l'aide d'un crédit, vous ne gagnez pas d'argent en tant que tel, sauf si le montant du loyer est supérieur à celui des mensualités de remboursement du crédit. En revanche, vous créez de la richesse qui sera transformée en argent pur, le jour où vous déciderez de céder le bien.

« Mais vous nous avez annoncé qu'il était possible d'obtenir des rendements de 15 à 20 % par an ? »

Le rendement d'un investissement n'est pas lié à la richesse que vous créez. Il sert uniquement à quantifier la productivité de votre argent. Oublions quelques instants l'aspect fiscal et supposons que vous ayez fait un apport personnel de 10 000 euros et que votre bien se valorise de 2.5 % par an, soit 2 500 euros. Si vous destinez cette maison à la location et que le loyer est égal à la mensualité de votre crédit, nous dirons que votre investissement s'autofinance. Dans ce cas le rendement annuel sera de 25 %, calculé par le ratio de la valorisation sur la somme investie (2 500 euros/10 000 euros). Avec une mise de départ de 5 000 euros, votre rendement grimpera à 50 % dès la première année. Je vous laisse calculer les résultats pour les autres années tout en considérant que la valeur du bien continue de progresser d'année en année. Vous voyez que nous sommes très loin des 2 % de la Caisse d'Épargne !

Pour obtenir un rendement maximum, les conclusions mathématiques s'imposent d'elles-mêmes, et la règle que vous devez suivre est la suivante :

Moins vous avancerez d'argent, plus votre rendement sera important

« Donc l'achat idéal est lorsque nous avançons le moins d'argent possible et que le loyer est égal à la mensualité du crédit. »

Vous avez tout compris. Appliquez ces deux principes et vous orienterez obligatoirement vos recherches d'investissement immobilier dans la bonne direction tout en étant sélectif.

« D'accord mais nous risquons d'emprunter sur une longue période. »

Cela peut arriver. Mais retenez bien ceci : en matière d'investissement locatif, la durée du crédit n'a strictement aucune importance. Si votre sélection a été faite en tenant compte de l'équation **loyer = mensualité**, c'est le locataire qui fournira le plus gros de l'effort (GEPR). Pas vous.

Ne croyez pas pour autant que vous serez engagé pour de longues années. Au fil des ans le loyer sera réactualisé en fonction du coût de la construction. Vous pourrez ainsi augmenter vos mensualités de remboursement du prêt tout en veillant à ce que l'équation soit toujours respectée. Ce qui aura pour effet de raccourcir la durée du crédit et d'accélérer l'extinction de la dette.

Je voudrais revenir sur les notions de *Valeur Temps* et de *Bénéfice sur Valeur Temps*, et observer l'impact de l'effet de levier sur ces deux concepts. Restons dans le cadre de notre exemple, et supposons que vous ayez acheté cette maison il y a 5 ans, dans un but purement spéculatif d'achat et de revente, et que vous trouviez un acheteur aujourd'hui pour 110 000 euros. Si vous avez payé au comptant vous ferez un BVT négatif (une perte) de 408 euros (sans parler de la part des impôts sur la plus value qui viendrait aggraver cette perte), puisqu'en plaçant 100 000 euros à 2 % vous auriez aujourd'hui 110 408 euros.

Disons maintenant que l'achat a été réalisé dans le but d'investir dans de l'immobilier locatif avec pour objectif que le loyer couvre la mensualité du crédit. Dans ce cas toute la dévalorisation due à la Valeur Temps sera absorbée et payée par le locataire. Si au bout de 5 ans vous décidez de revendre au prix de 110 000 €, votre bénéfice brut avant impôts sera de 10 000 € si vous n'avez fait aucun apport. En revanche si vous avez investi 5 000€, votre bénéfice réel, sera égal à la différence entre votre plus value (10 000 €) et votre apport (5 000 €) minorée de la VT appliquée à cet apport (520,40 €). Votre bénéfice final s'élevant ainsi à 4 479,60€. Ce qui représente tout de même un rendement de 89% sur 5 ans, soit un rendement annuel de 13,65 %.

Encore une fois vous voyez l'intérêt de l'effet de levier. Dans le premier cas nous avons perdu 408 €, alors que dans le second nous arrivons à en gagner 10 000 €.

« *Le raisonnement est valable uniquement si vous trouvez un locataire qui paye un loyer égal à la mensualité. Si celui-ci n'est que de la moitié, nous devrons avancer chaque mois presque 500 € ce qui minorera fortement notre gain final, qui peut redevenir négatif si nous n'avons pas de locataire pendant une période trop longue, ce qui pourrait éventuellement nous mettre en difficulté si nous avons nous mêmes des problèmes financiers imprévus.* »

Votre remarque est importante et concerne un aspect lié à tous les investissements : le risque. Il faut que vous admettiez dès aujourd'hui que le risque est un paramètre incontournable. Si vous ne prenez aucun risque vous ne gagnerez jamais d'argent et vous ne vous enrichirez pas.

« D'accord, mais je travaille pour gagner mon argent et subvenir aux besoins de ma famille. Je ne suis pas prêt à prendre le moindre risque sur mon argent. Il est vital pour moi et mes proches. »

Je comprends parfaitement votre position. D'autant plus que c'est la principale raison pour laquelle beaucoup de personnes sont incapables de s'enrichir. Simplement parce qu'elles ont peur de perdre leur argent lorsqu'elles l'investissent dans quelque chose qu'elles ne comprennent pas ou qu'elles ne maîtrisent pas. Pourtant, tout ce que vous faites implique obligatoirement une part de risque. La vie elle-même en est un. Que cela soit de votre faute ou non, chaque fois que vous prenez le volant vous risquez d'avoir un accident. Vous ne pouvez pas y échapper. Il est omniprésent et inévitable.

Comme vous ne pouvez pas l'éviter, il est indispensable d'apprendre à le gérer et à le contrôler. À cette fin, vous devrez le garder proportionnel à la récompense et vous rappeler que si le bénéfice est élevé, le risque le sera également.

Continuons avec l'exemple de notre maison. En contractant un crédit, vous prenez le risque de ne pas pouvoir le payer. Pour amoindrir ce risque, vous avez deux solutions que vous pouvez combiner :

- prendre un crédit suffisamment long pour que les mensualités n'impactent pas significativement vos ressources. En contrepartie vous payerez plus d'intérêts pour couvrir ce risque ;
- s'assurer que vous pourrez louer votre appartement à un tiers pour un montant plus ou moins proche de votre mensualité.

« Y a-t-il un moyen de calculer le risque ? »

Il n'y a pas de manière précise de le calculer. Le risque fait partie de l'avenir et donc de l'inconnu. Lorsque vous prenez un risque, vous évaluez une situation. La justesse de cette évaluation n'étant que le reflet de votre expérience et de votre connaissance qui vous permettent de définir approximativement la probabilité que vous aurez d'arriver à vos fins.

En ramenant ceci à la location de la maison, pour mesurer votre risque, vous devrez évaluer son potentiel locatif en sachant que rien ne garantira que vous obtiendrez le loyer espéré. En proposant un loyer deux fois supérieur à la moyenne du quartier, vous prenez le risque de louer difficilement. Si vous y arrivez votre rendement sera très élevé et la récompense importante. En revanche, si vous vous contentez d'un loyer deux fois moins cher, vous louerez très facilement et abaisserez votre niveau de risque. En contrepartie votre rentabilité sera moins importante.

D'une manière générale, et pour tous les investissements, il faut retenir que…

Plus le risque est élevé, plus le rendement et/ ou la récompense seront potentiellement importants

Par conséquent, comme vous ne connaissez pas précisément le risque à l'avance, la seule composante que vous pouvez contrôler est la somme investie. Et moins vous investirez plus votre récompense sera décuplée.

« J'ai tout de même du mal à croire qu'avec la forte hausse de l'immobilier que nous vivons depuis plusieurs années, vous puissiez trouver des opportunités qui permettent de suivre vos règles sans un apport personnel important. Ne serait-ce que les frais de notaire qui représentent presque 7 % du montant de l'achat. »

Détrompez-vous. Quel que soit l'état du marché il y a toujours des bonnes affaires. À la seule différence qu'en fonction des périodes, il est plus ou moins facile de les trouver. Laissez-moi vous donner un exemple d'actualité. Je viens juste de finaliser l'achat d'un petit immeuble dont tous les appartements sont loués. Non seulement la somme des loyers (2 200 euros par mois) est supérieure à la mensualité du crédit (1 550 euros sur 15 ans), mais la banque me prête 107 % du prix pour payer les frais de notaire, soit environ 214 000 euros au total (cette transaction a réellement eu lieu. Vous trouverez l'acte de vente du notaire et le contrat de prêt de la banque sur www.toutlemondemeritedetreriche.com/infos.htm).

En usant d'un peu de culot et en prétextant que la banque me prêtera le prix majoré des frais de notaire (en réalité je ne le savais pas à ce moment-là), j'ai réussi à ne pas verser les 10 % dus à la signature de la promesse d'achat. Au final, et sans avancer le moindre centime, j'ai fait l'acquisition d'un immeuble qui se valorisera vraisemblablement de 3 % par an. Ce qui amènera sa valeur à plus de 300 000 euros à l'échéance du prêt.

Malgré la forte hausse de l'immobilier, indubitablement l'affaire était bonne, et c'est loin d'être un cas exceptionnel ! Quel que soit le niveau du marché il y a toujours des opportunités. Soyez seulement persuadé que cela ne tombera pas tout seul. Il vous faudra juste chercher un peu. Vous pensez peut-être qu'il s'agit d'un cas exceptionnel et difficilement reproductible? Dans la même semaine, j'avais trouvé un autre immeuble de trois appartements au prix de 137 000 euros, dont les loyers couvraient largement la mensualité du crédit. J'ai également essayé de l'acheter en sus de l'autre. Mais j'ai trop négocié et il m'est passé sous le nez.

Par expérience, je sais que les bonnes affaires ne restent pas longtemps en circulation. Même si je sais les identifier, je suis loin d'être le seul. Plus le marché est dynamique plus vous devrez être réactif et savoir vous décider rapidement lorsque vous tomberez sur la bonne occasion.

Autre aspect important. Ne partez pas du principe que le prix annoncé par le vendeur est obligatoirement le prix de vente final ou le prix réellement espéré par le vendeur. Avec un peu d'expérience vous vous apercevrez que la plupart des prix affichés sont fictifs. Je veux dire par là qu'il y a souvent matière à négociation. Je reviendrai sur cet aspect un peu plus loin.

La plupart des bonnes affaires se font d'abord à l'achat. Il est donc indispensable d'avoir les bons réflexes qui vous assureront de ne pas surpayer vos acquisitions. N'hésitez pas à discuter le prix et utilisez les principes que nous venons d'évoquer. Ce sont des excellents filtres pour dissocier les bonnes et les mauvaises affaires.

Autres précisions au sujet de cette acquisition. Même si je me suis endetté, le but n'est pas obligatoirement de le rester. Cet immeuble comporte 7 appartements avec des combles aménageables permettant d'en créer un 8e. Les loyers couvrent très largement le coût du crédit et génèrent des excédents qui permettent de payer les impôts et les charges de l'immeuble. Mon véritable objectif est de vendre quelques appartements pour rembourser l'intégralité du crédit. Selon mes estimations, je devrais pouvoir vendre 3 ou 4 des 8 appartements sur les 3 années à venir, et rembourser pratiquement l'intégralité de mon emprunt. Au final, je posséderai pleinement au moins 4 appartements qui ne m'auront rien coûté, et que j'aurais financés avec l'argent des autres!

« Comment ça, l'argent des autres! »

Oui, surtout avec l'argent des autres. Tout d'abord, avec celui des locataires par l'intermédiaire des loyers perçus, ensuite avec l'argent de la banque au travers du crédit. De cette façon, après avoir vendu quelques appartements pour solder le crédit, je serai pleinement propriétaire de 4 appartements (valeur estimée à 150000 euros) qui me rapporteront environ 15000 euros par an. Sans jamais avoir sorti un seul centime de ma poche!

« Supposons que nous ayons la somme disponible, pourquoi ne pas payer au comptant l'achat de l'immeuble plutôt que d'emprunter? Comme vous nous l'avez dit, avec un crédit nous payons des intérêts et nous enrichissons notre banquier. »

L'intérêt de l'effet de levier est d'acheter quelque chose de cher avec peu ou pas d'argent. Par conséquent si vous payez au comptant, l'effet de levier n'a plus aucune signification et le rendement de votre argent se retrouve directement lié au ratio des loyers perçus par rapport à la somme investie. Autre considération importante: au travers du crédit, l'effet de levier permet de générer de la richesse sur de l'argent que vous n'avez pas. Alors que pour les placements vous ne produisez de la richesse que sur l'argent que vous avez réellement en banque.

Néanmoins, votre question demeure intéressante et ouvre d'autres sujets qui concernent l'enrichissement. Le premier, que nous avons déjà abordé, est lié à la notion de risque. Le deuxième est relatif à la protection de votre capital.

Faisons l'hypothèse que l'immeuble brûle. Si vous avez payé au comptant, vous avez *brûlé* 214000 euros. Bien sûr, si vous êtes correctement assuré, vous serez remboursé par les assurances. Mais vous ne savez pas de combien, ni quand elles le feront. Vous connaissez les assurances, elles sont toujours prêtes à prendre votre argent, mais jamais pressées de passer à la caisse. Si le remboursement tarde, vous aurez une forte somme immobilisée et ne percevrez plus aucun loyer. Tant que vous ne serez pas remboursé, votre risque sera égal à la totalité de votre engagement. Alors qu'en investissant le minimum, dans certains cas c'est l'assurance du crédit qui prendra le relais ramenant ainsi votre risque à zéro.

Sans aucun apport vous êtes l'heureux propriétaire d'une ruine, mais toujours en possession de vos 214000 euros placés à 5 % ou plus, que vous pourrez toujours alimenter par votre deuxième paye. Sans compter que cette somme sera disponible pour saisir d'autres opportunités qui viendraient à se présenter.

Autre intérêt. Supposons qu'un imprévu nécessite une importante somme d'argent de votre part et que, pour récupérer de la trésorerie, vous soyez contraint de vendre l'immeuble qui génère des loyers. Immanquablement la vente de votre actif aura pour conséquence de vous appauvrir et de diminuer vos revenus.

Pour conclure, ma philosophie personnelle sur le sujet est d'**avancer le moins d'argent possible afin de limiter mon**

risque au maximum. Quel que soit le sujet, je vous recommande très fortement de faire la même chose. Car en cas de problème ou de litige financier, il est beaucoup plus facile de discuter de votre argent lorsqu'il est dans votre poche, que lorsqu'il se trouve dans celle de votre interlocuteur. Dans le premier cas, vous négociez pour savoir combien vous allez éventuellement payer ou donner. Dans le second, vous pleurez pour qu'on vous le rende. Si vous avez déjà eu des problèmes avec quelqu'un qui vous doit de l'argent, vous devez savoir de quoi je parle. Pour les autres, appliquez ce principe et vous n'aurez jamais l'occasion de vous demander pourquoi j'en parle !

« N'est-il pas plus intéressant de garder tous les appartements et de continuer à les louer? Si vous vendez des appartements, vous vous séparez d'actifs qui s'autofinancent. »

C'est une autre possibilité qui dépend aussi du contexte et de vos objectifs. Dans le cas de cet immeuble, étant le seul propriétaire, je suis financièrement responsable de toutes les dégradations et de toutes les installations communes. En vendant quelques appartements, je crée une copropriété, je divise les coûts de maintenance de l'immeuble et je reconstitue ma capacité d'emprunt au moment où je me débarrasse de la dette.

Autre considération à prendre en compte. En ne vendant qu'une partie de l'immeuble je reste le plus gros propriétaire. Ce qui implique que je garde la majorité des voix pour toutes les décisions affairant aux travaux de l'immeuble et que personne ne pourra m'imposer une décision plus ou moins farfelue en ce qui concerne sa gestion. Au final, je me désendette et je reste maître du jeu.

« Donc si je comprends bien il ne me reste plus qu'à trouver 3 immeubles comme le vôtre, dont les loyers sont supérieurs à la mensualité du crédit, d'attendre 15 ans pour que les loyers aient fini de rembourser les emprunts, et prendre ma retraite presque millionnaire tout en vivant des loyers... ! »

Hélas non. Les banques vous en empêcheront.

« Pourquoi les banques m'en empêcheraient-elles ? Je vais emprunter et payer des intérêts. Je suis donc un bon client potentiel... ! »

Elles vont surtout avoir peur... !

Les banques et les crédits

Avant de vous octroyer un prêt la banque va étudier divers éléments pour s'assurer de votre capacité à rembourser. En général les banques veillent à ce que vous ne pas dépassiez pas un taux d'endettement de 33 % de vos revenus. Donc, si vous trouvez 3 immeubles identiques que vous pourriez acquérir moyennant trois mensualités de remboursement de prêt de 1500 euros (soit 4500 euros), la banque vous demandera de justifier de revenus trois fois supérieurs, soit 13500 euros par mois. Bien sûr, elle pourra inclure les loyers qui seront perçus, mais elle prendra également en compte les charges que vous avez déjà à supporter : autres crédits, votre propre loyer, etc.

« Il n'y a aucun moyen de contourner le problème ? »

La barrière des 33 % n'est pas infranchissable. Tout dépend de votre profil, de votre patrimoine et des relations que vous entretenez avec votre banquier. Il faut savoir que ce coefficient n'est dicté par aucune loi. Il est seulement utilisé par les banques comme barrière de sécurité. Et contrairement à ce qu'elles pourraient vous dire, ce n'est pas pour vous protéger contre le risque que vous prenez en investissant, mais pour se prémunir du risque qu'elles prennent lorsqu'elles vous prêtent de l'argent. Donc pour que votre banquier vous prête au-delà des 33 %, il faut qu'il ait confiance en vous.

« Comment faire pour que le banquier ait confiance en nous ? »

La réponse relève encore du bon sens. Si vous voulez que votre banquier vous prête de l'argent il faut que vous lui montriez que vous êtes quelqu'un de fiable. Le meilleur moyen restant encore de vous payer en premier. Si celui-ci constate que vous êtes capable d'épargner régulièrement et que vous vous occupez de vos finances, il aura moins peur de vous. Alors que si vous finissez régulièrement le mois dans le rouge, il se posera légitimement des questions sur votre capacité à rembourser votre crédit, même si vous n'êtes pas endetté.

« À ce sujet, jusqu'à quelle hauteur peut-on être endetté ? »

C'est un peu à la tête du client. En ce qui me concerne, il m'est arrivé plusieurs fois d'être endetté à hauteur de 60 % de mes revenus. Les 40 % restants me permettaient largement de subvenir à mes besoins, mais ce fut au terme de palabres et discussions interminables avec mes banquiers, car ils m'adorent quand je place mon argent chez eux, mais beaucoup moins lorsque je leur demande un prêt, parce que mon profil est atypique, que mes revenus varient très fortement d'une année à l'autre et que je n'ai pas de feuille de paye !

D'une manière générale, les banquiers n'aiment pas ce qui sort de leurs normes. Pour qu'ils puissent prendre des décisions sans se poser de questions, il faut que vous rentriez dans leurs critères. Mon (et leur) problème, c'est que je ne rentre dans aucune de leurs cases. C'est pour cette raison que j'ai plus de difficultés à emprunter que des personnes qui ont des revenus réguliers, même si elles gagnent moins que moi. Le bon côté de la chose c'est que, puisqu'aucun ordinateur n'est capable de décider pour eux, mon dossier est souvent transmis à un échelon supérieur. Ce qui me permet d'entrer en contact avec les décideurs, dont la marge de manœuvre est plus importante.

« Oui mais vous avez de l'argent, cela vous permet de compenser très largement. »

C'est aussi ce que je croyais, mais la réalité est tout autre. Il y a quelques années dans le cadre de l'achat de ma résidence principale, je tombais sur une opportunité que je ne pouvais pas manquer. La maison était superbe, le jardin magnifique et le vendeur pressé. Je signais donc rapidement une promesse d'achat.

Possédant des fonds placés pour un montant très largement supérieur au prix demandé, je demandais à ma banque de m'accorder un prêt en prenant ce placement en garantie le temps que je vende ma résidence actuelle. Devinez la réponse : NON. Ils refusaient de m'accorder un prêt, pour la seule raison que je n'avais pas de salaire et qu'il était risqué pour eux de me prêter mon argent !

Vous voyez, même en ayant de l'argent vous n'êtes pas à l'abri d'un refus. Et ce n'est pas parce qu'il y a écrit *banquier* sur le front de votre interlocuteur qu'il devient intelligent, même en matière d'argent. Depuis cette aventure, je voue aux banquiers un respect mesuré et je ne leur fais aucune concession. Un bon conseil, quel que soit le domaine, ne vous laissez pas intimider si vous êtes sûr d'avoir raison. Souvent, c'est le plus motivé et le plus déterminé qui gagne.

Quelques précautions

Je voudrais revenir sur l'effet de levier et attirer votre attention sur une chose importante. Son utilisation implique la mise en place d'un crédit. Si celui-ci a moins d'impact lorsqu'il est contracté pour une longue période, il n'en demeure pas moins une dette qu'il est plus facile de contracter que de rembourser. Par conséquent, même pour l'acquisition d'un actif, ne vous endettez jamais à tort et à travers. Faites-le sagement en évaluant le potentiel d'appréciation du bien convoité. Il est inutile d'avoir les yeux plus gros que le ventre. Vous n'avez pas besoin d'acheter toute votre rue pour vous enrichir. Un seul bien correctement acheté et géré vous enrichira de façon appréciable et durable. Faites vos acquisitions une par une, avancez prudemment et ne vous jetez pas sur la première petite annonce.

Cela veut aussi dire que dans le cas d'un emprunt pour un investissement locatif, il est indispensable de prendre un minimum de garantie pour le paiement des loyers. Ce n'est pas parce que vous êtes l'heureux propriétaire (endetté) d'un appartement que vous devez faire n'importe quoi. Lorsque la banque vous accorde un prêt celle-ci se prémunit de votre défaillance éventuelle en prenant une hypothèque sur votre appartement. C'est-à-dire qu'elle s'autorise à vendre votre appartement pour se rembourser au cas où vous ne pourriez pas assumer votre engagement.

De votre côté, vous devez vous assurer de la solvabilité de vos locataires en n'hésitant pas à prendre toutes les garanties possibles. Nous reviendrons sur cet aspect dans le chapitre consacré à la protection de votre richesse.

Autre considération : le montage financier que nous venons de décrire repose sur le fait que vous percevrez un loyer. Il est possible, voire probable, que vous aurez des périodes d'inoccupation de votre bien pendant lesquelles vous devrez payer les mensualités du crédit sans aucune rentrée compensatrice. Pour éviter les problèmes de trésorerie, faites en sorte d'avoir au moins trois mensualités d'avance disponibles. Vous éviterez ainsi de paniquer si vous n'arrivez pas à louer votre appartement dans les premières semaines, et/ou de brader le loyer pour être sûr de trouver quelqu'un.

Une astuce que j'ai utilisée plusieurs fois lors d'acquisitions, pour éviter d'avoir à subventionner le crédit de ma poche : lorsque l'appartement nécessitait quelques travaux de remise en état, je demandais systématiquement au vendeur de me laisser les clés au moment de la signature de la promesse d'achat, soit deux à trois mois avant la signature finale. J'en faisais même une condition préalable pour acheter l'appartement en question. Le but étant de mettre à profit cette période pour remettre les lieux en état et organiser les visites. Si bien que le jour de la signature finale, l'appartement était déjà loué avant que le crédit ne démarre.

Taux fixe ou taux variable ?

Au moment d'accorder l'emprunt, la banque demandera si vous souhaitez contracter un crédit à taux fixe ou à taux variable. Le choix est fonction de plusieurs paramètres. Si vous prévoyez de solder votre dette en grande partie ou en totalité avant l'échéance prévue dans le contrat de prêt, le crédit à taux variable se révélera une bonne solution, car vous n'aurez pas à payer de pénalités sur le capital remboursé (même si c'est souvent le cas, je vous conseille fortement de le vérifier avec la banque créditrice). Cette absence de pénalité pour remboursement anticipé est moins fréquente pour les crédits à taux fixe, à moins que vous n'ayez réglé cet aspect au préalable. À ce sujet : négociez toujours avant, jamais après. Dès que vous avez signé, vos mains sont liées, et le banquier n'a aucune raison de vous accorder cette faveur.

Mais rien ne vous empêche d'essayer. C'est ce que j'ai fait lors du remboursement d'un prêt avec le Crédit Patate (certains auront peut-être reconnu le surnom de la banque). N'ayant rien négocié avant, je m'attendais à payer les 3 % classiquement demandés. J'ai tenté ma chance, et j'obtins une réponse favorable. Vous voyez rien n'est écrit. Si vous ne posez pas la question vous ne connaîtrez jamais la réponse !

Si vous envisagez de rembourser le prêt uniquement avec le loyer, vous pourrez privilégier le crédit à taux fixe. Étant donné que la mensualité est connue à l'avance, vous éviterez les mauvaises surprises. Et en sachant qu'un crédit à taux variable coûte moins cher qu'un crédit à taux fixe, vous pourrez également envisager de financer votre acquisition en mélangeant les deux formules. Il vous suffira d'ajuster le montant de chaque crédit en fonction de ce que vous prévoyez de rembourser et de la façon dont vous le ferez.

Que faut-il acheter ?

En ce qui concerne le type de biens, les critères de choix relèvent encore une fois du pur bon sens. Je vous recommande de porter vos recherches sur les appartements de 2 et 3 pièces. Ce sont les surfaces les plus recherchées et où l'on observe le plus de transactions. C'est donc avec ce type de biens que vous aurez le plus de clients potentiels le jour où vous déciderez de revendre ou de louer. Sans compter que les petites surfaces se louent plus cher au mètre carré.

Le prix a également son importance. Il est aisé de comprendre qu'il y a plus de personnes capables de débourser 100 000 euros que 1 million d'euros. C'est exactement la même chose pour les loyers. Le salaire moyen des Français étant de 1 800 euros, vous aurez plus de candidats locataires pour un loyer de 500 euros que de 3 000 euros!

Ensuite se pose la question de choisir du neuf ou de l'ancien. Pour l'ancien, n'achetez pas trop loin de votre lieu de résidence habituel. Si vous êtes trop éloigné vous aurez tendance à moins vous en occuper. Si vous optez pour du neuf vous vous débarrassez d'une bonne partie du problème, car vous aurez peu d'entretien à prévoir avant plusieurs années. Dans les deux cas vous pouvez utiliser les services d'une agence qui s'occupera de la gestion, moyennant un pourcentage du loyer.

Le montant du loyer est aussi fonction du quartier. Un loyer de 1 000 euros n'aura rien de surprenant dans un quartier chic de la capitale. Alors qu'il posera plus de problèmes dans un quartier populaire. Par conséquent, limitez-vous à des prix accessibles au plus grand nombre en fonction de la zone d'habitation. À ce sujet, au moment de la mise en location veillez à ce que votre bien soit impeccable. S'il est habitable dans l'instant, vous en tirerez un meilleur prix, tout en louant plus rapidement.

Un autre tuyau. Que vous soyez en ville ou à la campagne, il y a une forte demande pour les maisons individuelles. Si vous êtes l'heureux possesseur d'une maison, vous pourrez très souvent la louer plus cher qu'un appartement de surface comparable.

Le rendement annuel brut du loyer a également son importance. Celui-ci est calculé par le ratio du loyer annuel divisé par le prix d'acquisition accompagné des traditionnels frais de notaire. Dans le cas de l'immeuble cité plus haut, le rendement est de (2200 x 12)/214000, soit 12.33 %. Je ne vous conseille pas de descendre au-dessous de 7 %. Ce nouveau filtre vous permettra de ne pas surpayer un bien, ce qui est souvent le cas en cette période de forte hausse de l'immobilier.

« Vous ne trouvez pas que vous êtes trop exigeant ? »

Il est certain que plus vous mettrez de critères, plus votre sélection sera fine. N'oubliez pas que vous n'avez pas besoin d'acheter dix appartements par an. Un seul tous les sept ou huit ans est très largement suffisant pour vous enrichir. Pour que votre argent travaille correctement, il faut que vous le placiez au bon endroit. Si vous ne trouvez pas aujourd'hui un bien qui satisfait vos critères, vous le trouverez demain. Il y a des opportunités tous les jours. Il suffit d'être patient… et de chercher activement.

Les logements ne sont pas les seuls biens immobiliers dans lesquels vous pouvez investir. Les parkings peuvent se révéler un très bon choix avec des avantages multiples :

- le prix unitaire est moins élevé, donc plus accessible, ce qui permet également d'obtenir des crédits beaucoup plus facilement ;

- les risques d'impayés sont bien moindres, et il est plus facile d'évincer une voiture que des locataires récalcitrants ;
- il y a moins de frais d'entretien.

Faites attention à ne pas acheter des concessions de parking. Celles-ci sont vendues uniquement pour une durée déterminée. Privilégiez les grandes villes ; on a beaucoup moins besoin de parking à la campagne.

Les bureaux sont également une source de profit lorsqu'ils peuvent être transformés en logement. L'évolution du marché des locaux commerciaux n'étant pas liée à celle des habitations, pour déterminer le potentiel de plus-value, il vous suffira de comparer les prix au mètre carré en tenant compte des travaux de transformation. Les changements de statuts n'étant pas acquis d'office, vous devrez d'abord demander la permission à la mairie. Ces autorisations dépendant essentiellement du besoin des communes dans chaque catégorie.

Les terrains sont également des cibles intéressantes et une source de profit important lorsqu'ils sont correctement gérés. Mais la gestion de leur potentiel de plus-value est très différente car vous pourrez rarement les louer. En sachant que les acquéreurs potentiels ne cherchent pas une superficie exacte, mais un emplacement pour construire, vous pourrez envisager de découper un grand terrain en plusieurs lots. Il vous suffira de proposer à la vente des unités séparées pour un prix moins élevé, mais avec un montant au mètre carré plus important. Comme pour la transformation des bureaux, pour mener à bien ce type d'opération, vous devrez vérifier au préalable que la mairie vous autorise bien à le faire.

Il existe également des surfaces que vous ne pourrez pas diviser, mais sur lesquelles il est possible de construire plusieurs habitations. Si vous vous sentez l'âme d'un promoteur, vous pouvez construire une maison abritant plusieurs appartements et les louer séparément pour votre propre compte, ou rembourser une partie de l'emprunt en vendant un ou plusieurs appartements. De cette façon vous arriverez souvent à augmenter le rendement des autres loyers perçus tout en vous désendettant.

Autre possibilité : l'achat de terrains inconstructibles, dit souvent *agricoles*. Cet investissement est très spéculatif car vous financez avant tout un passif qui prendra peut-être de la valeur s'il devient constructible, mais sans avoir de garantie qu'il le deviendra un jour (revoir nos règles d'investissement sur les actifs/passifs). En revanche si le terrain devient constructible, sa valeur s'en trouvera très fortement augmentée.

Si ce genre d'opérations vous tente, visez les terrains proches des agglomérations et/ou déjà entourés d'habitations. Les villes ayant tendance à prendre le pas sur les campagnes, les communes rendent constructibles les terrains en fonction des besoins de leur population. Plus l'environnement sera déjà peuplé plus vous aurez de chances de voir votre parcelle devenir constructible. Petit avertissement : certains propriétaires n'hésitent pas à vendre trop cher leur terrain sous prétexte que celui-ci deviendra bientôt habitable. N'oubliez pas que c'est la mairie qui décide qu'un terrain est constructible ou non. Pas le vendeur.

Autre erreur à éviter. Les mauvais emplacements. Si les prix sont bas, c'est qu'il y a souvent une bonne raison. Je ne parle pas de la bonne affaire qui est en dehors du prix du marché, mais d un quartier ou d'une zone totalement dépréciée. Personnellement, j'ai toujours eu du mal à revendre et quelquefois perdu de l'argent sur des biens que j'avais achetés dans des zones moins attractives. En temps de crise, les quartiers bien cotés et les bons emplacements se déprécient toujours moins. Souvent parce les personnes qui les habitent sont généralement plus fortunées et qu'elles peuvent se permettre d'attendre si les prix du marché ne leurs conviennent pas.

Pour résumer, en matière d'immobilier vous devez vous concentrer sur des biens qui ont le potentiel de s'autofinancer facilement, soit par la location soit par une division et la revente partielle pour payer une partie du crédit. Pour que vos transactions soient fluides et trouvent preneurs, vous devez acquérir des biens qui rentrent dans la catégorie des *nécessités*, telles que nous les avons décrites dans les habitudes de consommation. Plus elles seront indispensables, plus vous pourrez les vendre ou les louer facilement le jour venu.

« Cela veut-il dire qu'il faut proscrire les achats de résidences secondaires ? »

Effectivement, les résidences secondaires rentrent difficilement dans la catégorie des nécessités. Par conséquent je vous déconseille d'investir dans ce type de bien. Non seulement il vous sera difficile de les rentabiliser, mais également de les revendre le jour où vous déciderez de vous en défaire. Vous pouvez en posséder une pour vous-même, en tenant compte du fait que cela ne rentre pas directement dans le cadre de l'enrichissement car c'est avant tout un passif qui génère des dépenses rarement compensées.

« Attendez, si vous dites que les dépenses occasionnées par une résidence secondaire sont rarement compensées, c'est exactement la même chose pour une résidence principale. Pourtant c'est un actif! »

Contrairement à ce que pensent beaucoup de propriétaires, si vous achetez votre résidence principale, vous faites l'acquisition d'un passif qui ne vous rapporte rien et ne génère aucun revenu. Vous ne faites que payer le crédit et tous les frais attachés à cette acquisition sans jamais rien déduire (contrairement à un investissement locatif). Ceci étant vous favorisez votre enrichissement, puisqu'une fois votre logement entièrement payé, c'est une nécessité qui ne viendra plus grever vos rentrées. Malgré cette considération, il existe des cas où vous risquez de vous appauvrir.

Quand ne faut-il pas acheter d'immobilier ?

J'habite aujourd'hui dans une maison de 250 m² que je loue (pour le moment, voir chapitre 10) 2900 euros par mois. La valeur actuelle de cette maison sur le marché immobilier est de 1,2 Md'euros. Admettons que je décide d'emprunter pour acheter cette maison, je devrais payer 7920 euros par mois pendant 20 ans, sur la base d'un crédit à 5 %.

En plaçant cette somme sur le long terme au même taux sans prendre de risque, je gagne 60000 euros par an. Or, mon loyer annuel *n'est que de* 34800 euros. Ce qui représente virtuellement 25200 euros d'économie par an, que je peux utiliser pour acheter d'autres actifs qui feront grossir mes revenus et payeront mon loyer.

Quel est l'intérêt pour moi d'acheter cette maison? Aucun!

En empruntant, je contracte une dette importante pour une maison qui sera inadaptée lorsque mes enfants ne seront plus là. Si je ne peux ou ne souhaite pas payer au comptant, la banque me demandera de gagner trois fois le montant de la mensualité du crédit, soit 24000 euros par mois ! Sans compter que je prends un risque conséquent en immobilisant une forte somme qui ne rapportera plus rien. Alors qu'en louant, je vis dans une maison très confortable, tout en gardant mes liquidités disponibles et la possibilité de changer d'habitation en fonction de mes besoins. Dans ce cas de figure, il est évident que mon intérêt est ailleurs.

Je sais que les montants indiqués sont loin de la réalité quotidienne de la plupart d'entre nous. Le but est seulement de vous démontrer que ce n'est pas parce que vous avez la possibilité de vous payer quelque chose qu'il est obligatoirement intéressant de le faire. Votre intelligence financière doit également être utilisée pour vous endetter à bon escient. Rien ne vous empêche d'utiliser cet exemple comme modèle, ainsi que les suivants, pour les adapter à votre réalité.

Besoin de calculer un prêt ?

Téléchargez un petit programme que j'utilise régulièrement à l'adresse suivante : www.toutlemondemeritedetreriche.com/infos.htm

En dehors de toutes ces considérations mathématiques et financières, il est certain que la possession de son propre logement offre un côté rassurant. De ce fait, la réponse à la question de savoir s'il faut posséder ou non ce type de passif ne peut pas être uniquement financière ni catégorique, car le problème de l'immobilier a également des implications psychologiques liées à la sécurité personnelle.

Il est également évident que la possession de son logement permet d'entrevoir la vie plus sereinement. C'est pour cette raison que je vous conseille, comme pour tous les crédits qui servent à acquérir des passifs, de vous endetter le moins possible et de rembourser aussi rapidement que vous le pourrez. C'est une priorité, *a fortiori* pour votre résidence principale.

Dans tous les cas et quelle que soit votre décision, je pense qu'il est important de posséder de l'immobilier, d'autant plus qu'en France les risques sont relativement limités pour deux raisons :

- même si les prix ont beaucoup augmenté depuis 1998 et qu'il existe probablement une bulle spéculative, ils restent très inférieurs aux prix pratiqués dans les autres pays comme l'Angleterre, l'Espagne ou encore le Luxembourg (connectez-vous à Internet et vous allez vite comprendre) ;
- la France possède le plus fort taux démographique d'Europe. Ce qui veut dire qu'il y aura toujours plus de monde à loger dans les années à venir. Vous trouverez donc facilement un locataire ou un acheteur pour votre résidence principale.

Que faire si vos revenus ne sont pas suffisants ?

Pour essayer de coller un peu plus à la réalité, je vais vous raconter une histoire que beaucoup vivent dans ces périodes de forte hausse.

Prenons le cas d'un jeune couple sans enfant qui souhaite acquérir sa résidence principale. Le bien convoité coûte 200 000 euros.

Ils gagnent à eux deux 3000 euros par mois. En s'endettant sur 20 ans à 5 %, ils devront payer 1320 euros par mois, soit 44 % des revenus du ménage. Dans ces conditions, aucune banque ne leur prêtera la somme nécessaire. Quelles solutions peuvent-ils envisager? Opter pour un endettement plus long?

Pour emprunter 200000 euros sans dépasser un taux d'endettement de 33 %, soit 1000 euros par mois, ils devront s'endetter sur 35 ans! Durant toute cette période l'appartement en question aura 100 fois l'occasion d'être inadapté: naissances multiples, départ des enfants, divorce, mutation, chômage, etc. Sans compter qu'ils payeront surtout des intérêts, 224000 euros pour être exact, dont la plus grosse partie sera versée pendant les premières années (GEPR). Et je ne parle pas des inévitables frais de notaire, liés à l'acquisition d'un logement, ni de l'apport personnel généralement réclamé par les banques pour financer une résidence principale.

Certes le bien prendra peut-être de la valeur, mais en se référant à la chambre des notaires, nous apprenons qu'un bien immobilier est en moyenne revendu au bout de 5 ans. Ce qui implique qu'en 25 ans, en considérant qu'ils achèteront des biens dont le prix moyen sera de 250000 €, les frais inhérents aux acquisitions seront de 20000 euros (8 % du montant de la transaction), soit un total de 100000 euros, équivalent au patrimoine moyen de 50 % des Français!

Ce jeune couple est-il condamné à regarder les autres s'enrichir et à payer un loyer toute sa vie?

Voici un autre scénario beaucoup plus favorable qui lui permettra de s'enrichir tout en se logeant. Pour eux, la meilleure chose à faire est de trouver un bien immobilier à but locatif dans le cadre de leurs possibilités financières, qu'ils loueront à quelqu'un d'autre en respectant les règles d'équilibre loyer/mensualité, déjà évoquées. Une fois le locataire installé, ils se logeront en fonction de leurs nécessités. Plus tard s'ils souhaitent avoir des enfants, ils loueront un appartement qui répondra à leurs besoins du moment. Il sera toujours temps de déménager lorsque l'appartement sera devenu trop petit ou trop grand.

Les avantages de cette formule sont multiples. Si leur souhait est de posséder à terme leur logement, le bien locatif servira à la fois de monnaie d'échange pour une acquisition future, et de protection face aux variations du marché. Car si celui-ci progresse de 3 % par an, en restant dans le premier cas de figure (celui où ils ne pouvaient pas acheter), ils auraient eu encore moins de possibilités d'acquérir 10 ou 20 ans plus tard, sauf si leurs revenus devaient progresser plus vite que le marché immobilier (ce que l'on ne sait jamais avant). En procédant de la sorte, ils commencent à s'enrichir en faisant une acquisition financée par le loyer du locataire (qui peut également servir à se payer en premier), ce qui indirectement leur permettra de financer leur future résidence principale.

Au travers de ce petit scénario, vous voyez toute la différence entre un peu d'intelligence financière, qui relève d'une éducation adaptée, et un comportement dénué de toute recherche de solution. Si notre jeune couple avait choisi de subir sa faiblesse économique, dans le meilleur des cas ils auraient certainement loué en attendant de constituer une épargne suffisante pour acheter un logement. Alors qu'en essayant d'aller un peu plus loin dans la réflexion, tout en louant leur habitation principale, ils ont commencé à s'enrichir et constitué un patrimoine sans atténuer leur pouvoir d'achat. Dans le premier cas, ils n'auraient pas pu subvenir aux besoins de leur famille sans de lourds sacrifices et une prise de risque exagéré, en mettant plusieurs dizaines d'années pour commencer à s'enrichir (GEPR). De l'autre, ils ont immédiatement commencé à s'enrichir tout en conservant un niveau de revenu identique (PEGR).

Où et comment trouver les bonnes affaires ?

Je ne vous étonnerai pas en déclarant que moins vous payerez cher, plus vous vous enrichirez rapidement. Attention je ne parle pas du montant du bien, mais de sa valeur par rapport au marché. Pour être capable d'apprécier sa véritable valeur, il est important de bien connaître la zone où vous prospectez. Par conséquent : spécialisez-vous, interrogez les voisins, vos amis qui habitent le quartier, les commerçants et faites-vous une bonne idée des prix sur la zone prospectée.

Les agences immobilières sont d'excellentes sources d'information. Certes, elles sont là pour vendre et ont tendance à vous pousser à l'achat. Mais elles savent également ce qui est au prix et ce qui ne l'est pas. Leur intérêt étant de vendre, pas de mettre des annonces en vitrine, elles n'aiment pas avoir en stock des biens proposés à des prix en dehors du marché, car elles savent qu'elles auront du mal à les vendre.

Au final, elles se révèlent très utiles pour modérer les vendeurs trop gourmands, et servent d'interface pour négocier une baisse du prix le moment venu. En définitive, je trouve que l'on arrive à acheter moins cher par les agences et dans de meilleures conditions.

Un élément important à prendre en compte : la diffusion de l'information. La plupart des agences placent des annonces sur Internet ou dans les journaux spécialisés. Dès que l'annonce sera accessible au plus grand nombre, si l'affaire en est réellement une, elle ne restera pas longtemps sur le marché. Il est donc intéressant d'avoir accès à ces informations avant que celles-ci ne soient publiques. Faites-vous des relations et sympathisez avec les commerciaux de l'agence. Ce sont les premières personnes à être au courant d'une vente intéressante.

Un bon achat se résume à trouver un bien que vous achèterez au-dessous du prix du marché. D'une manière générale plus le vendeur est pressé plus il fera de concessions. N'hésitez pas à l'interroger en posant vos questions intelligemment pour connaître ses motivations. Évitez la question bête qui énerve dans le genre « pourquoi vous vendez? » En dehors du fait qu'il déménage, ce n'est pas votre affaire. Vous éviterez ainsi de l'agacer et qu'il vous demande en retour pourquoi vous achetez !

Si le propriétaire des lieux est pressé, il sait qu'il est en mauvaise posture pour vendre sereinement. Dans ce cas il y a peu de chance qu'il vous le dise ouvertement. Montrez-lui de l'intérêt. S'il sent que vous êtes un réel acheteur potentiel, il aura tendance à se découvrir plus facilement.

Les successions sont aussi d'excellentes opportunités, surtout lorsqu'il y a plusieurs héritiers. En essayant de négocier un rabais de 10 000 euros avec un seul vendeur, celui-ci doit supporter la totalité de la baisse du prix. Ce qui pourra susciter un refus. Alors que si vous avez à faire à trois héritiers ce rabais est divisé d'autant. Donc plus facile à accepter. Sans compter que les héritages, même s'ils sont la conséquence de la disparition d'un proche, sont considérés (officieusement) comme une aubaine.

Les enchères

« Que pensez-vous des ventes aux enchères ? On voit souvent des affiches sur certains immeubles avec des prix alléchants. »

Les accroches que vous voyez sont les mises à prix. C'est-à-dire le niveau de prix auquel les enchères débuteront. En ce qui concerne les enchères elles-mêmes, bien que j'ai participé à plusieurs ventes, je n'ai jamais eu l'occasion d'acheter quoi que ce soit par ce biais. Autant j'ai vu des personnes y faire d'excellentes affaires, autant j'en ai vu en faire de très mauvaises en achetant à des prix déraisonnables.

Hormis quelques transactions spécifiques, je pense que c'est essentiellement un marché de spécialistes et de professionnels. Étant donné que vous ne savez pas à l'avance quelle sera la bonne affaire du jour sur la dizaine de biens vendus, vous devez être prêt à acheter n'importe quoi. Ce qui vous oblige à visiter au préalable tous les biens qui seront vendus lors de la séance pour déterminer à quel prix vous ferez une bonne affaire. Il faut également savoir que les frais d'acquisition par l'intermédiaire d'enchères sont élevés et avoisinent les 20 % (à comparer avec les 7 % des frais de notaire classiques).

Si vous remportez l'enchère, vous êtes dans l'obligation d'acheter et vous ne bénéficierez d'aucune clause suspensive liée à l'obtention ou non du crédit (qui permet à l'acheteur de se dégager d'une transaction s'il ne trouve pas de financement). Si vous n'êtes pas en mesure d'honorer votre engagement, le bien sera remis en vente, mais vous devrez payer la différence entre le prix que vous aviez proposé et la nouvelle enchère, si celle-ci se révélait inférieure. C'est ce que l'on appelle *la folle enchère*.

Dernière chose : même si vous êtes le dernier enchérisseur, vous n'avez pas obligatoirement gagné la bataille. Dans un délai de dix jours, un autre acquéreur peut se manifester et proposer une nouvelle enchère qui doit être au minimum 10 % supérieure. Dans ce cas, le bien est de nouveau mis en vente avec un prix de départ égal à cette nouvelle enchère.

Immobilier et entreprise

Si vous êtes propriétaire de votre entreprise, l'effet de levier a un double intérêt. Vous pouvez envisager d'acquérir des locaux à titre personnel et les louer à votre société. L'avantage est multiple. D'une part les charges de l'entreprise restent identiques, et puisque dans tous les cas elle doit se loger et donc payer un loyer, autant que ces sommes aillent dans votre poche. D'autre part elle participe à votre enrichissement, en vous permettant d'ajuster le loyer au mieux de vos intérêts, tout en restant dans des limites raisonnables. Car si vous facturez un loyer double des prix habituellement pratiqués, le fisc peut considérer que vous vous enrichissez sur son dos en minimisant l'impôt sur les sociétés (puisque vous avez alourdi les charges de l'entreprise) à son détriment. Dès lors, vous courrez le risque d'une amende et d'être redressé sur la part de loyer considérée comme excessive.

Autres aspects de l'effet de levier

Pour en finir avec l'effet de levier, je voudrais évoquer quelques-unes de ses autres facettes. En effet, celui-ci ne se cantonne pas aux montages financiers, mais se retrouve également dans différentes situations de la vie de tous les jours.

ADA : L'**A**rgent **D**es **A**utres. C'est typiquement les cas de figure que nous avons décrits : vous utilisez le loyer payé par votre locataire pour couvrir tout ou partie de la mensualité du crédit, ainsi que l'argent prêté par la banque. En dehors du prêt immobilier, vous pouvez utiliser l'**A**rgent **D**es **A**utres et plus particulièrement celui des banques. Rappelez-vous de mes obligations à 11,75 %. Partant du principe que ces dernières étaient correctement notées et donc peu risquées, je demandai à la banque de m'ouvrir une ligne de crédit garantie par ce placement. Une fois le prêt obtenu, je me dépêchai d'utiliser les nouvelles sommes disponibles pour racheter ces mêmes obligations et obtenir un rendement final de l'ordre de 18 % !

EDA : L'**E**xpérience **D**es **A**utres. Si le but est de vous enrichir, la meilleure façon d'apprendre est de profiter de l'expérience de ceux qui ont démontré leur capacité à générer de la richesse. Vous pouvez capter une partie de cette expérience en lisant des livres ou en participant à des séminaires. Ici, l'effet de levier intervient dès que vous accédez rapidement à une expertise acquise par quelqu'un d'autre au cours de longues années.

TDA : Le **T**emps **D**es **A**utres. Lorsque vous faites appel à un avocat, un peintre ou tout autre expert dans un domaine bien précis, vous bénéficiez de ses compétences et de son savoir-faire pour résoudre un problème plus rapidement et plus efficacement que vous ne le feriez vous-même. Chaque fois que vous ferez appel à un professionnel pour son savoir-faire, vous utiliserez l'effet de levier et vous vous donnerez les moyens d'avancer plus vite.

TrDA: Le **Tr**avail **D**es **A**utres. C'est principalement l'effet de levier que l'on retrouve dans les relations employeur/employé. L'employeur délègue et attribue des tâches plus ou moins spécialisées à ses employés en fonction de leurs compétences et aptitudes.

Utilisez ces différents effets de levier en fonction de la situation et vous gagnerez du temps tout en vous enrichissant plus rapidement. Ce sont exactement ces principes que les riches utilisent.

Voilà. Je pense que vous en savez beaucoup plus sur l'immobilier et ses possibilités. Si c'est un domaine qui vous intéresse, et comme pour tous les autres sujets que nous aborderons plus loin, je vous conseille de ne pas vous précipiter et de vérifier tout ce que je viens de vous raconter. La plupart des transactions immobilières ne sont pas compliquées et parfaitement encadrées par les notaires. Ce qui sécurise chacun des intervenants. Vous ne devez pas pour autant vous autoriser à faire n'importe quoi. N'oubliez pas que dans chaque transaction vous investissez votre argent et que celui-ci doit surtout et avant tout servir votre enrichissement.

Chapitre 6

LA BOURSE

La Bourse : l'éternelle valse des regrets.
Rostschild

Après les placements et l'immobilier, il est temps d'aborder un de mes jeux favoris : la bourse. Celle-ci doit sa démocratisation à la révolution Internet qui a rendu les marchés financiers accessibles à des millions d'intervenants. Ainsi, beaucoup ont découvert qu'elle n'était pas réservée à une élite et que le savoir financier n'était pas la chasse gardée d'un cercle restreint.

La bourse est le miroir de notre économie, rythmée par des périodes d'euphorie et de faiblesse, et par l'activité des entreprises qui participent à cette économie. Celles-ci étant condamnées à progresser, sous peine de disparaître, elles se retrouvent dans l'obligation de prospérer en générant de la valeur et des dividendes pour les actionnaires. Ce qui fera monter le prix de leurs actions.

Il existe deux modes d'intervention sur les marchés financiers : l'investissement et la spéculation. Chacun correspondant à un profil d'intervenant très différent.

Le but de l'**investisseur** est de détenir les actions d'une ou plusieurs sociétés en espérant qu'elles s'apprécieront significativement pour être en mesure de réaliser un bénéfice le jour de leur revente. Pour que les plus-values soient conséquentes, vous devrez garder ces actions sur des périodes qui courent de quelques mois à plusieurs années. Ces durées de détention sont nécessaires car, en dehors de cas exceptionnels, les sociétés ne valorisent pas leurs découvertes ou leurs innovations du jour au lendemain. La possession des parts d'une société implique également que vous recevrez chaque année les dividendes versés par l'entreprise dont vous détenez les actions, à condition que celle-ci fasse des bénéfices. L'investissement se prête donc plus à la création de patrimoine et à l'accumulation de richesse. C'est surtout cet aspect qui nous intéresse.

La spéculation ou trading consiste à intervenir sur les marchés dans le but de réaliser des gains rapides. Les spéculateurs essayent d'anticiper les mouvements des marchés à court terme, pour se positionner au bon moment et se retirer aussi vite qu'ils sont entrés. Ces intervenants spéculent aussi bien sur les actions, les devises comme le dollar ou l'euro, ou encore les matières premières. Les périodes d'engagement varient de quelques minutes (technique nommée : Day trading) à quelques jours. Étant donné que le capital est immobilisé sur de courtes périodes, le but est essentiellement de générer des revenus.

Dans ce domaine, les meilleurs sont capables d'afficher des scores de plusieurs centaines de pour cent par an. Bien que j'ai écrit plusieurs ouvrages sur le sujet, en tant qu'investisseur, je vous déconseille très fortement de jouer à ce jeu. C'est une activité qui demande beaucoup d'énergie, du temps et une discipline sans faille que peu d'entre nous sont capables de fournir.

Si le sujet vous intéresse je vous recommande de vous rendre sur mon site (www.toutlemondemeritedetreriche.com/infos.htm).

Vous y trouverez diverses informations et recommandations de livres.

Ceci étant dit, que nous soyons investisseur ou trader, nous sommes tous des spéculateurs en puissance car nous investissons en bourse pour gagner de l'argent, pas pour en perdre (enfin je crois!). Seul l'horizon de temps diffère.

Revenons à l'investissement et plus précisément à la bourse française et son indice phare: le CAC40. Comme son nom l'indique, le CAC40 est constitué de 40 entreprises françaises dont les actions font partie des plus grosses capitalisations boursières. La Bourse de Paris est organisée par la société Euronext qui est elle-même cotée. Elle gère également les bourses d'Amsterdam, de Bruxelles et de Lisbonne. Le CAC40 n'est pas le seul indice de la bourse parisienne. Vous trouverez également des indices plus larges comme le SBF80 ou le SBF120 qui regroupent d'autres actions moins capitalisées (pour plus d'informations, je vous recommande de consulter le site www.euronext.com).

Maintenant que nous avons une petite idée de notre terrain de jeu, il nous faut répondre aux trois questions suivantes:

- Quand acheter?
- Quand vendre?
- Quoi et comment acheter?

Quand acheter?

Regardons d'abord comment le CAC40 s'est comporté depuis sa création fin 1987 (graphique 6 et tableau 2).

1988	57,39 %	1994	- 17,06 %	2000	- 0,54%
1989	27,14%	1995	- 0,49%	2001	- 21,97%
1990	- 24,59%	1996	23,70%	2002	-33,75%
1991	17,01%	1997	29,50%	2003	16,12%
1992	5,22%	1998	31,47%	2004	7,40%
1993	22,09%	1999	51,12%	2005	23,40%

Tableau 2 : Performances annuelles du CAC40 depuis sa création.

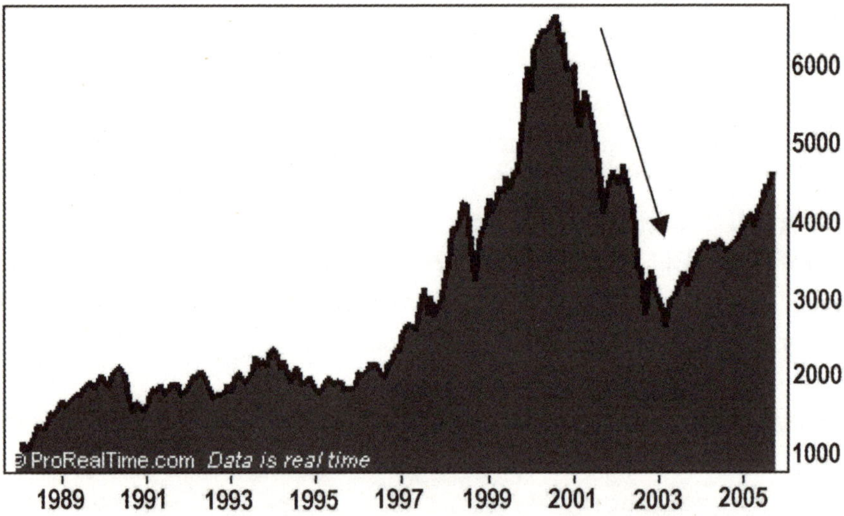

Graphique 6 : progression du CAC40 de 1987 à fin 2005.

Depuis 1988 et malgré la forte baisse du début du millénaire (flèche sur le graphique 6), vous remarquerez que seulement 6 années sur 18 ont été négatives. En y regardant de plus près, 1995 et 2000 affichent des pertes pratiquement nulles. Cela veut dire qu'en achetant simplement le 1er janvier de chaque année pour revendre le 31 décembre de la même année, vous auriez gagné deux fois sur trois, avec des gains allant jusqu'à plus de 50 % en un an (années 1988 et 1999).

De grosses pertes étaient également au rendez-vous : en 1990 (première guerre du Golfe), et 2000 à 2002 pour le plus grand marché baissier de toute l'histoire de la bourse. Malgré cette forte baisse le CAC40 a progressé de 984 à 4715 points affichant un gain de 380 % sur une durée de 18 ans (de 1988 à fin 2005). Ce qui représente l'équivalent de 9,2 % en intérêt composé.

En réalité cette progression a été plus importante car en misant sur les actions du CAC40, vous auriez également perçu les dividendes distribués sur toute la période. Soit environ 2 % par an. Ce qui ramène globalement notre performance finale à 11 %.

La première conclusion qui s'impose est la suivante : vous devez toujours être investi (c'est-à-dire toujours avoir des actions dans votre portefeuille) pour profiter des hausses. Le problème c'est que vous ne savez pas à l'avance quelle année sera négative ou positive. Ce qui implique, et c'est loin d'être le plus agréable, que vous devrez subir les pertes générées par les années négatives pour profiter des années de hausse. Ce qui m'amène à vous dire que pour vos investissements boursiers :

Vous ne gagnerez jamais si vous n'êtes pas prêt à perdre

La deuxième conclusion : plus tôt vous achèterez, plus vite vous vous enrichirez. Donc pour répondre au premier point de notre problématique qui consiste à savoir quand vous devez acheter, la réponse est : **maintenant !**

Quand vendre ?

En ce qui concerne le deuxième point, le célèbre investisseur américain Warren Buffet (un des hommes les plus riches de la planète) considérait que le meilleur moment pour vendre une action se situait entre 50 ans et jamais !

Il faut considérer l'investissement boursier comme un véhicule qui permet de s'enrichir plus rapidement qu'en souscrivant à la Caisse d'Épargne, donc bien au-dessus du coût de l'inflation. Par conséquent, tant que vous serez en période d'investissement, vous devrez alimenter votre compte par l'intermédiaire de votre deuxième salaire. Vous pouvez également envisager de conserver vos actions et considérer les dividendes distribués comme un complément de revenus. Tout en tenant compte que ces derniers varient d'une année à l'autre, et qu'ils ne peuvent être considérés comme une source de revenus stables.

Quoi et comment acheter ?

Nous allons aborder une technique simple que je nomme CMR (**C**oût **M**oyen **R**apporté) et qui se prête parfaitement à notre stratégie de se payer en premier. Cette technique est réellement accessible à tous et ne demande aucune compétence financière. Elle vous permettra à la fois d'amortir les périodes de baisse et de profiter des hausses, tout en investissant des sommes très raisonnables. Votre seul travail consiste à investir chaque mois la même somme sur une action précise que nous déterminerons plus loin.

Pour vous donner une idée plus précise du fonctionnement de cette technique, considérons les deux actions représentées sur le graphique 7. Dites-moi sur laquelle vous aimeriez être investi.

« L'action n° 1 a l'air plus intéressante, puisqu'elle n'arrête pas de progresser. »

Je me doutais bien que vous choisiriez la première. Bien que je comprenne votre choix, ce n'est pas obligatoirement le meilleur. Pour le vérifier, je vous propose d'investir 100 euros chaque mois sur chacune de ces actions pendant un an.

Bien que l'action n° 1 ait affiché une performance de 100 % sur l'année et un rendement moyen de 31 %, l'action n° 2 a généré plus de gains, avec une progression de 9 % sur la même période et un rendement moyen de 38 % (voir tableau 3).

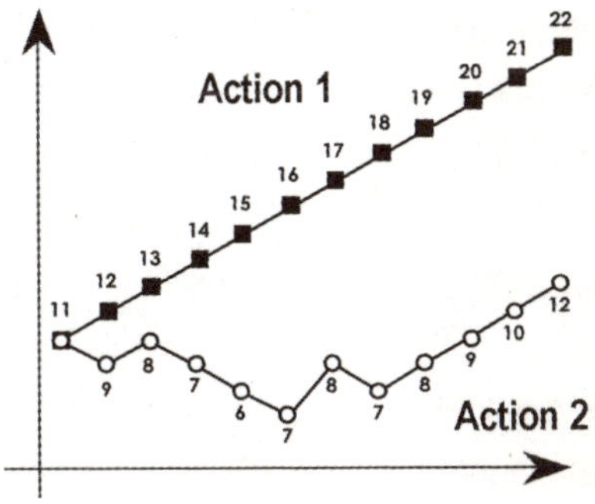

Graphique 7

Bien sûr l'exemple pris ici est volontairement favorable à la démonstration. Je cherche seulement à démontrer qu'il n'est pas nécessaire de trouver une action capable de progresser fortement pour s'enrichir. Ce qui veut également dire qu'il n'est pas utile de savoir prédire l'avenir, tout en supposant que vous en soyez capable.

Ce principe fonctionne pour n'importe quelle action. Il est basé sur le fait que lorsque les prix baissent vous avez la possibilité d'acheter plus d'actions à un meilleur prix. Ce qui démultipliera l'effet de la progression lorsque votre action repartira à la hausse.

	Prix action 1	Nb action	Prix action 2	Nb action
Janvier	11	9	11	9
Février	12	8	9	11
Mars	13	8	8	13
Avril	14	7	7	14
Mai	15	7	6	17
Juin	16	6	7	14
Juillet	17	6	8	13
Août	18	6	7	14
Septembre	19	5	8	13
Octobre	20	5	9	11
Novembre	21	5	10	10
Décembre	22	5	12	8
Total actions		72		138
Valeur		1 576 €		1 660 €
Progression		100 %		9 %
Rendement		31,3 %		38,3 %

Tableau 3 : Simulation d'investissement sur les 2 actions du graphique 7.

« D'accord, mais pour que ce principe fonctionne, il faut obligatoirement que les prix montent. S'ils ne font que baisser, nous aurons beau acheter plus d'actions, nous ne gagnerons jamais d'argent. »

C'est tout à fait exact. Donc une partie de la problématique est de trouver les actions qui ont une forte probabilité de hausse et qui présentent le moins de risque possible. C'est ce que nous allons déterminer.

Pour que cette technique soit rentable, vous devez être capable d'identifier une entreprise dont les actions ont un potentiel de hausse à long terme. C'est loin d'être le plus facile. Prenons le cas d'Alcatel (graphique 8). Pendant la période qui court de début 1999 à septembre 2000, l'action a gagné 500 % (flèche 1), alors que l'indice CAC40, dont elle fait partie, ne progressait que de 70 %. Il est clair que si vous aviez acheté et revendu Alcatel aux bons moments, vous auriez dégagé une plus-value substantielle. Mais regardons la suite de l'histoire. À partir de ses plus hauts historiques (97 euros), l'action a reperdu 98 % de sa valeur pour toucher les 2,5 euros (flèche 2).

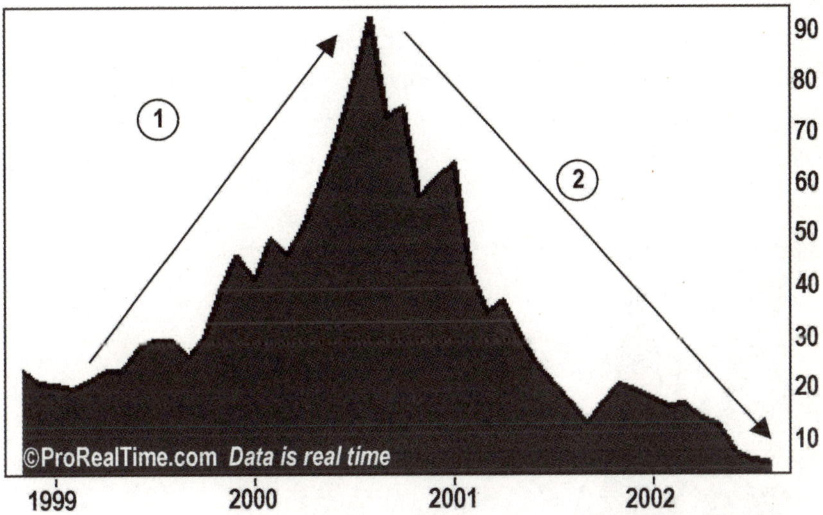

Graphique 8 : Action ALCATEL

Un autre exemple. Fin 2005 le tristement célèbre Eurotunnel, qui a ruiné des milliers de petits porteurs, se traîne aux alentours de 30 centimes d'euro (graphique 9), sans parler de toutes les actions de la bulle Internet, aujourd'hui disparues.

Autre élément à prendre en compte. Saviez-vous que sur les 30 entreprises qui composaient le DOW JONES (indice phare américain) au début du vingtième siècle, aucune n'a survécu à ce jour !

« Ce n'est pas rassurant votre histoire. Êtes-vous en train de nous dire qu'il ne faut pas investir en bourse ? »

Oui et non. Si vous êtes capable de trouver la ou les bonnes actions ce sera le jackpot et un formidable accélérateur de richesse, car d'une manière générale une action progresse toujours plus rapidement que l'indice. Le problème est de trouver les actions qui ont un fort potentiel d'appréciation sur le long terme. Toute la problématique se concentre sur ce point. D'autant plus que je pars du principe que vous n'êtes pas un spécialiste des marchés financiers.

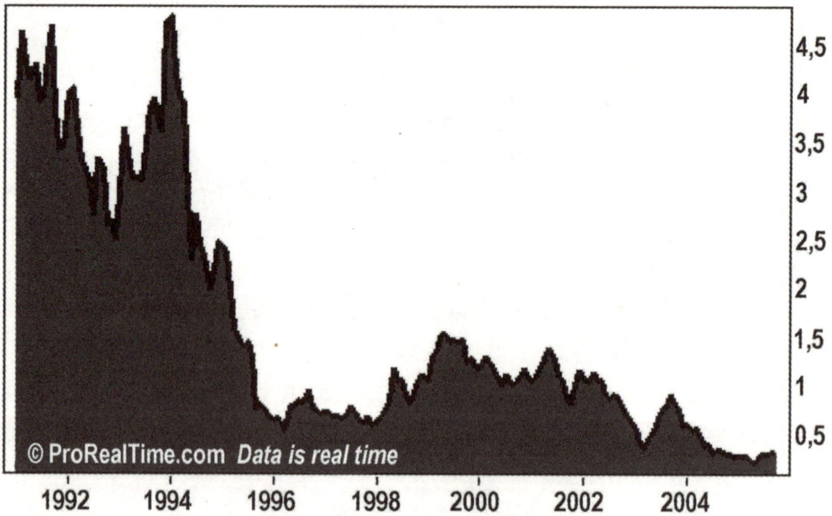

Graphique 9 : Action EUROTUNNEL.

Avertissement important : si l'investissement en bourse vous intéresse, je vous déconseille fortement de vous lancer dans cette activité sans connaissance solide. Dans le cas contraire, je pense que c'est certainement le meilleur moyen de perdre de l'argent. J'ai vu des dizaines d'apprentis investisseurs perdre des fortunes parce qu'ils pensaient tout savoir sur le sujet après avoir lu quelques livres, ou sous prétexte qu'ils étaient abonnés à toutes les revues financières disponibles. Plus que tout autre investissement, investir en bourse réclame un minimum de connaissances adéquates, parce qu'avant tout vous engagez directement votre argent et que sa valeur est quantifiable à tout moment. Ce qui a pour effet de provoquer des pressions psychologiques que vous ne soupçonnez pas. Je reviendrai plus loin sur ce sujet.

Revenons à notre problématique de départ : comment choisir vos actions ? Plus en avant j'ai montré que la valeur du CAC40 avait été multipliée par 4 en l'espace de 18 ans, générant une performance supérieure à 11 % par an en intérêts composés. Durant toute cette période, des sociétés sont nées, d'autres ont disparu. Mais l'indice CAC40 existe toujours. La raison est simple : au contraire d'une entreprise, un indice ne dépose pas le bilan ! Lorsqu'une société disparaît, son action sort automatiquement de l'indice auquel elle est rattachée et se trouve remplacée par une autre. Par conséquent si vous investissez sur les indices votre potentiel de ruine est pratiquement réduit à zéro.

« Comment investir sur le CAC40 ? Faut-il que j'achète les 40 actions de l'indice ? »

Heureusement non. Il existe des solutions qui permettent de contourner cet aspect. Comme tous les indices, le CAC40 est immatériel. Il n'est que la représentation globale de la progression, négative ou positive, de toutes les actions qui le composent. Donc, pour investir sur le CAC nous utiliserons des produits capables de reproduire ses mouvements à l'identique. C'est le cas des SICAV indicielles, mais aussi d'actions spécifiques nommées *trackers* qui permettent d'investir sur l'indice et de profiter de ses variations.

Dans la pratique, les gérants et/ou les créateurs de ces trackers ont acheté toutes les actions qui composent le CAC et recréé une action unique qui se comporte comme l'indice. C'est le cas de l'action LYXOR ETF CAC 40 ou encore EASY ETF CAC 40. Pour information, ces trackers répondent respectivement aux codifications FR0007052782 et FR0010150458, ainsi qu'aux dénominations réduites CAC et E40 (ces codes doivent être rappelés à votre intermédiaire pour toutes les transactions que vous effectuerez). Leur prix est égal à 1 % du niveau de l'indice. Ainsi, le tracker CAC vaut 40 euros lorsque le CAC40 est à 4 000 points.

Supposons maintenant que nous appliquions la technique du coût moyen rapporté depuis le 1er janvier 1988 jusqu'à fin 2005 au travers d'un tracker CAC. Si vous aviez investi 100 euros par mois sur toute cette période vous posséderiez aujourd'hui 51.041 euros. En réalité cette somme serait bien supérieure, car je n'ai pas pris en compte les dividendes distribués sur toute la période. Si nous considérons que ceux-ci sont en moyenne de 2 % par an, et que vous les ayez réinvestis, au final votre capital serait de l'ordre de 62 000 euros.

J'ai également considéré que vous engagiez la même somme sur toute la période. Dans la réalité il est fort probable que vos revenus progresseront, au moins autant que l'inflation, soit environ

2 % par an. Ce qui implique que chaque année vous augmenterez de 2 % la somme investie. Par conséquent, en année 2 votre investissement mensuel sera de 102 euros, en année 3 il passera à 104,04 euros et ainsi de suite. Cet aspect est très important car en tenant compte de cette nouvelle donnée, le résultat final sera proche des 74 000 euros, pour seulement 100 euros investis par mois !

« Est-ce que les trackers ne sont disponibles que pour les indices ? »

Les indices majeurs comme le CAC affichent la progression globale des entreprises qui le composent. Celles-ci n'évoluent pas toutes dans le même secteur d'activité. Ainsi Alcatel fait partie des télécoms, Total est rattaché à l'énergie, alors qu'Aventis est relié au secteur pharmaceutique.

Chacun de ces secteurs peut être considéré comme un sous-indice dont les variations sont répliquées par un tracker. Comme pour le CAC40, si une des sociétés est amenée à disparaître, ou si elle est absorbée par une autre, elle sortira de ce sous-indice sans que celui-ci subisse le même sort.

« Est-il préférable de privilégier les indices ou les secteurs ? »

Au même titre que les actions, les secteurs d'activité progressent plus vite que l'indice principal. Celui-ci étant lissé par le simple fait qu'il est composé d'actions sans aucune discrimination sur son activité. Par conséquent, l'investissement sur les secteurs se révélera plus rentable. Mais attention, si les variations sont plus fortes, elles le sont dans les deux sens, aussi bien à la hausse qu'à la baisse.

Quels marchés pour les années à venir ?

Bien que la technique du CMR permette d'amortir les chocs des mauvaises années, il est également intéressant d'être capable d'identifier d'autres indices en dehors de la France, ou des secteurs d'activité qui ont des chances significatives de progresser dans les années à venir. En se projetant dans le futur, les pays très en vue pour les prochaines décennies sont : la Chine, l'Inde, le Brésil, la Russie. Pour profiter de ces hausses potentielles, vous pouvez investir sur ces économies par l'intermédiaire de trackers spécialisés ou de SICAV composées d'actions qui participent à l'économie de ces pays.

Vous pouvez également privilégier certains secteurs. Par exemple l'humanité aura toujours besoin d'énergie. C'est une nécessité incontournable à toutes les économies du monde. Aujourd'hui ce secteur est principalement représenté par les sociétés pétrolières. Demain ce seront d'autres énergies et peut-être d'autres sociétés qui prendront le relais. Dans tous les cas ce secteur d'activité à de fortes chances d'exister encore dans quelques dizaines d'années. Il en va de même pour l'agro alimentaire et/ou la pharmacie. Tout simplement parce qu'il y aura toujours plus de monde sur terre à nourrir et à soigner (notion de nécessités).

Vous voyez, les analyses économiques prospectives sont relativement basiques et relèvent essentiellement du bon sens.

« Est-il possible d'utiliser l'effet de levier pour acheter des trackers ou des actions ? »

Oui, mais je vous déconseille fortement de le faire !

« Étonnant. Vous nous avez pourtant dit que le levier permettait de s'enrichir plus rapidement ! »

C'est vrai, mais en ce qui concerne la bourse la situation est très différente. Les instances régulatrices du marché des actions françaises vous permettent de passer des ordres en bénéficiant d'un effet de levier de 5. C'est-à-dire que 100 euros vous donneront un pouvoir d'achat de 500. Pour l'exemple, si vous investissez sur le tracker CAC40 et que celui-ci progresse de 15 %, le rendement sur votre capital sera de 15 % x 5, soit 75 %. C'est très séduisant au premier abord, mais la réalité l'est beaucoup moins. Vous allez surtout vous apercevoir qu'utiliser un levier de cinq, c'est jouer à la roulette russe avec cinq balles dans le barillet ! Sans compter qu'en vous ruinant vous enrichirez le courtier qui passera vos ordres de bourse, puisque ce dernier est un passage obligatoire pour toutes vos transactions qu'elles soient gagnantes ou perdantes.

Tout d'abord, même si les gains sont multipliés par 5, n'oubliez pas que les pertes le sont également. Ce qui peut vous mener à la ruine très rapidement, car si le CAC baisse de 10 %, avec un levier de 5 votre capital sera réduit de 50 %.

« Mais il suffit d'attendre, puisqu'à long terme la bourse a tendance à monter. »

C'est presque vrai. Lorsque vous utilisez un levier de 5, la couverture minimum demandée est de 20 %. Supposons que le marché ne recule pas de 10 %, mais de 20 %. Dans ce cas votre capital sera réduit à néant (– 20% x 5 = – 100 %). Si le marché recule de 21 %, vous dépasserez le niveau de capital minimum requis. Pour rester dans le jeu vous devrez augmenter votre couverture. C'est ce que l'on appelle dans le jargon des courtiers *l'appel de marge.*

Si vous êtes incapable de fournir, ce dernier liquidera votre position. Même si le temps vous donne raison et que le marché repart à la hausse quelques jours après. Mais comme d'habitude, vous ne le savez qu'après! Au final vous vous retrouverez ruiné sans profiter de la hausse.

« Je suis d'accord avec vous sur la démonstration, mais rien ne nous empêche d'utiliser un levier moins important. Avec un levier de 2, la couverture sera de 50 %, ce qui nous laisse une marge de manœuvre plus importante. »

Dans l'absolu vous avez raison, mais il y a un autre aspect à prendre en compte, typiquement franco-français. Pour accéder à l'effet de levier vous devrez ouvrir un compte spécifique qui sera géré par une procédure nommée SRD (**S**ervice du **R**èglement **D**ifféré). Dès que vous investirez les sommes rendues disponibles par l'effet de levier, vous payerez des intérêts calculés sur cet investissement, puisque le levier n'est rien d'autre qu'un crédit. Sans compter que vous aurez éventuellement à payer des frais fixes complémentaires qui varient d'un courtier à l'autre.

Ce n'est pas fini. Le SRD propose un règlement différé des achats que vous avez effectués dans le mois en cours. Cette régularisation se fait à la liquidation qui intervient chaque fin de mois boursier. À ce moment vous devrez indiquer à votre courtier si vous souhaitez confirmer votre achat en payant la totalité du prix des actions que vous avez achetées à crédit dans le mois courant, ou si vous souhaitez reporter vos positions et continuer à utiliser l'effet de levier.

Ce report vous sera facturé chaque mois au prix d'une transaction (cela varie en fonction des courtiers). En sachant qu'une transaction coûte plus ou moins 0.5 % du montant engagé, vous devrez au minimum gagner 6 % (0.5 % x 12 mois) rien que pour couvrir le coût du report et commencer à vous enrichir. Si nous y ajoutons les frais engendrés par le crédit du levier, nous arrivons facilement à 8 ou 10 %! Sans compter que vous payerez plus d'impôts. En effet, pour profiter d'exonérations fiscales sur les plus-values, vos actions doivent obligatoirement être logées dans un PEA (Plan Épargne en Actions) qui ne prend pas en compte le SRD.

Les intermédiaires

Pour acheter des actions ou n'importe quels produits financiers vous devez obligatoirement utiliser les services d'un intermédiaire. Vous avez deux solutions: passer par votre banque ou utiliser un courtier sur Internet.

Les banques de dépôt classiques ont pour habitude de facturer des frais de transactions importants, surtout pour l'achat et la vente d'actions ou de trackers. Dans la majorité des cas vous aurez à payer des frais fixes plus un pourcentage en fonction du montant de la transaction. Faites bien attention à cet aspect car en fonction de la somme investie, ces frais peuvent rapidement devenir prohibitifs. Pour l'exemple: en investissant 100 euros par mois, si les frais totaux sont de 10 euros, ils représenteront 10 % de votre versement. Vous pouvez contourner ce problème en n'investissant qu'une fois par trimestre en cumulant la somme récoltée chaque mois. Ainsi vous amortirez fortement l'impact des frais fixes pour chaque transaction.

Même chose pour les SICAV indicielles qui pourraient remplacer les trackers. Il n'est pas rare que la banque facture des frais d'entrée de l'ordre de 2 à 4 %. Je vous conseille fortement de vérifier cet aspect avant de vous engager. Il est à noter que certaines banques proposent des produits financiers préformatés pour investir sur les marchés financiers. Ces produits se prêtent très bien à notre technique du CMR avec des frais tout à fait raisonnables. À vous de poser la question à votre banquier.

Les courtiers en ligne sont des intermédiaires beaucoup plus spécialisés qui ne traitent que des produits financiers d'épargne ou d'investissement. Ils proposent des tarifs très agressifs qui auront moins d'impact pour tous vos achats d'actions ou de trackers.

En ce qui concerne les SICAV, vous aurez accès à un large panel de produits accessibles à peu de frais. Comme pour les actions vous trouverez des produits avec des frais d'accès réduits, voir complètement exonérés. Mais ne vous faites aucune illusion, personne ne travaille gratuitement, surtout dans les métiers de l'argent. En contrepartie vous aurez probablement à payer des charges pour la gestion et le maintien de votre compte.

Si vous êtes intéressé par ce type de produit, je vous conseille de vous rendre sur Internet et de taper le mot SICAV dans les moteurs de recherche. C'est un excellent moyen pour identifier les différents intervenants du marché et leurs offres.

Bourse et émotions

La technique du CMR est simple à mettre en œuvre. Mais pour qu'elle soit pleinement rémunératrice, elle implique que vous adhériez totalement aux règles que nous avons définies et que vous les appliquiez avec discipline. Je sais par expérience que beaucoup d'entre vous seront tentés de mettre leur grain de sel lorsque les marchés seront malmenés. Et je vous comprends parfaitement. Si vous aviez eu à affronter la longue période de baisse de la bourse entre 2000 et 2002 (voir flèche graphique 6), il vous aurait fallu beaucoup de courage et d'abnégation pour continuer à acheter régulièrement toujours plus de trackers, voyant que ceux-ci se dépréciaient jour après jour. Chaque nouvel achat vous faisant douter un peu plus en mettant vos nerfs à rude épreuve.

Bien que la bourse ressemble à un jeu d'argent, c'est avant tout un défi psychologique, où deux émotions fortes sont constamment présentes : la peur et la cupidité.

La peur se manifeste lorsque tout semble aller mal. Elle vous pousse à vendre rapidement vos actions par crainte de voir votre portefeuille fondre et réduit à néant.

En revanche, **la cupidité** est une invitation à la tentation d'acheter toujours plus d'actions, sans respecter le rythme et la taille de vos engagements, augmentant ainsi le risque. Cette frénésie d'achat étant essentiellement motivée par la crainte de voir les prix s'envoler… sans vous. Au final, vous achèterez souvent trop cher.

Tous ceux qui ont déjà investi en bourse savent de quoi je parle. Si vous n'avez jamais mis les pieds dans cette arène, vous le découvrirez bien assez tôt.

Il n'y a pas qu'en bourse que vos émotions vont se manifester. Chaque fois que vous engagerez votre argent, elles se rappelleront à votre bon souvenir. Plus la somme sera importante par rapport à votre richesse du moment, plus la pression sera forte et plus elle vous poussera à prendre les mauvaises décisions. La peur vous incitant à vendre et la cupidité à acheter. Dans les deux cas vous agirez par impulsion.

Autre considération à prendre en compte : plus il vous sera facile d'intervenir, plus vous ferez d'erreurs. Pour vendre vos actions il suffit de décrocher votre téléphone et de dire à votre courtier de liquider votre position, ou de passer simplement votre ordre par Internet. Trente secondes plus tard, le montant de la vente sera sur votre compte.

L'immobilier a un avantage : l'énergie que vous devrez déployer pour mettre votre bien en vente et le temps de transaction agiront comme un filtre qui vous évitera de prendre des décisions trop rapides et que vous risquez de regretter par la suite.

La règle à retenir est la suivante : en matière d'investissement…

Si vous laissez vos émotions prendre le pas, vous perdrez de l'argent…

« Vous nous dites qu'en agissant sous le coup de l'émotion nous avons plus de chance de nous tromper que de prendre les bonnes décisions. Est-ce qu'en faisant l'inverse, nous n'avons pas plus de chances d'avoir raison ? »

Je serais assez tenté de vous répondre par l'affirmative. De nombreuses statistiques montrent que 80 % des spéculateurs (je n'ai pas dit investisseurs) perdent de l'argent en bourse. Les raisons de cet échec étant essentiellement dues à un manque de discipline, de formation et surtout au fait que la plupart investissent en bourse comme ils joueraient au casino.

D'autre part, si nous considérons que nous vendons par peur, que nous achetons par cupidité et que 80 % des intervenants ont tort, pour nous enrichir en bourse il suffirait de :

Vendre lorsque tout le monde achète
et
acheter lorsque tout le monde vend...

C'est ce qui s'appelle être *contrarien*. Le jour où vous serez capable de le faire, vous vous enrichirez dix fois plus rapidement que les autres. Mais il y a plusieurs problèmes à surmonter :

- c'est un exercice périlleux, car il est très difficile de prédire le plus bas d'un marché. Regardez encore une fois le graphique 6 du CAC40. Au début de la baisse, auriez-vous pensé une seule seconde que le CAC perdrait 65 % de sa valeur ?
- c'est psychologiquement très éprouvant. Acheter des actions quand tout le monde vend, est un exercice qui demande des nerfs d'acier et une confiance en soi absolue.

« Est-ce que vous êtes en train de nous dire qu'il est préférable d'acheter de l'immobilier plutôt que d'investir en bourse ? »

Non, pas du tout. L'immobilier est sujet aux mêmes phénomènes de psychologie des foules. Je tiens seulement à vous mettre en garde contre les dangers qui vous guettent. La bourse est un excellent vecteur d'enrichissement mais demande de la discipline, de la méthode et de la patience. Et il se peut que vous en soyez parfaitement incapable ! Dans ce cas, le plus simple est de laisser les autres intervenir pour votre compte et d'utiliser un des principes de l'effet de levier : l'**E**xpérience **D**es **A**utres.

Bourse et EDA

Un des principaux problèmes de l'investissement en bourse provient du fait que la plupart des investisseurs sont incapables, ou n'ont pas la patience de respecter leurs choix. Ils sont régulièrement tentés de remanier leur portefeuille d'actions parce qu'ils ont du mal à supporter les mouvements incessants du marché. Pour la bonne santé de votre capital, il est important de savoir rapidement si vous êtes capable de respecter votre plan d'action. Dans le cas contraire je vous propose de mettre en œuvre un des principes de l'effet de levier en vous octroyant les services d'un spécialiste. Si cette démarche vous intéresse, vous devrez sélectionner un ou plusieurs fonds d'actions ayant affiché de bonnes performances sur les dernières années, et acheter régulièrement des parts de ce fonds lorsque vous vous payerez en premier.

Même si une étude du passé n'est pas une garantie pour l'avenir, en général il n'est pas très difficile de trouver des fonds capables de générer plus de 10 % par an. En contrepartie vous aurez à payer un droit d'entrée calculé en fonction de la somme investie, et des frais de gestion annuels de l'ordre 2 %, mais indolores puisqu'en général ils sont déjà déduits de la performance affichée.

Lorsque vous étudierez les performances de différents fonds actions (appelés FCP pour **F**onds **C**ommun de **Pl**acement), vous vous apercevrez que la plupart d'entre eux ont présenté des performances négatives pendant la grande baisse des marchés de

2000 à 2002. Ne vous découragez pas pour autant. Même si les gestionnaires sont des professionnels, ils affichent également des performances négatives lorsque les bourses sont déprimées. La bonne nouvelle : un tel effondrement du marché n'arrive qu'une fois tous les 15 ou 20 ans. Par conséquent, et même si je ne connais pas l'avenir, il est fort probable que la période soit propice et que nous ayons quelques années intéressantes devant nous.

Vous pouvez également mettre à profit les périodes de baisse de la bourse pour trouver des fonds meilleurs que d'autres. Par exemple en 2001 et en 2002, le CAC affichait des performances de -22 % et -34 %. Si vous trouvez un FCP qui a fait mieux sur ces années, même si sa performance est négative, peut-être mérite-t-il que vous vous y intéressiez.

Un dernier conseil. À moins de posséder un capital important (plusieurs centaines de milliers d'euros), je vous déconseille fortement de faire appel à un gestionnaire privé pour gérer votre portefeuille. Étant donné que la plupart sont rémunérés sur les frais de courtage lorsqu'ils achètent et vendent des actions pour votre compte, vous devrez représenter un potentiel important pour qu'il soit réellement motivé. En revanche, en souscrivant à un fonds ou une SICAV spécialisé, vous ferez partie d'une masse de souscripteurs dont le capital total investi aura plus de poids auprès du gestionnaire. Vous profiterez ainsi de l'importance que représentent les capitaux de plusieurs centaines de personnes avec une mise modeste. C'est encore une forme d'effet de levier.

Je conclurai ce chapitre par un dernier mot. La bourse est un jeu passionnant qui peut se révéler destructeur si vous faites n'importe quoi. En tant qu'investisseur vous devez être conscient de vos possibilités et surtout savoir si vous investissez pour démontrer que vous êtes capable de détecter des actions qui vont monter ou pour gagner de l'argent. Ceux qui cherchent à avoir raison sont avant tout des joueurs. Les véritables investisseurs cherchent à gagner de l'argent, pas à satisfaire leur ego. La technique du CMR fonctionne très bien sûr le long terme. Si vous ne pensez pas être capable de tenir la distance, ne l'utilisez pas et n'hésitez pas à souscrire à un FCP que vous alimenterez régulièrement. N'oubliez pas que seul le résultat compte ainsi que la préservation de votre capital.

Chapitre 7

L'ENTREPRISE

Les douze travaux d'Hercule

Si la création d'entreprise vous intéresse vous trouverez ici un certain nombre de principes incontournables qui vous permettront de mettre un maximum de chances de votre côté. Et pour ceux qui sont rebutés par les contraintes administratives et la gestion, je vous expliquerai également comment vous mettre à votre compte sans avoir à créer de société.

La création d'entreprise

Posséder son entreprise est souvent synonyme d'indépendance. C'est un rêve que beaucoup caressent, mais il faut bien reconnaître que c'est certainement le domaine où il est le plus difficile de faire fortune. Les chiffres sont là pour vous le prouver. Une étude de l'INSEE fait apparaître que 40 % des entreprises ne passent pas le cap de la troisième année. Les raisons principales étant un manque d'expérience dans le domaine exploité et une capitalisation insuffisante.

D'autre part, des études ont mis en évidence qu'un créateur d'entreprise travaille davantage, est plus stressé et subit plus de fatigue qu'un salarié. Je ne dis pas que cela vous arrivera, mais sachez que statistiquement les probabilités de réussite dans ce domaine sont contre vous. En comparaison, il est plus facile et moins risqué de s'enrichir dans un projet immobilier.

Personnellement j'ai fait fortune avec mes sociétés, mais il faut bien reconnaître que c'est un véhicule difficile à exploiter. À l'opposé de l'immobilier et de la bourse, je ne recommanderai à personne de créer une entreprise à moins de posséder des connaissances spécifiques et solides, ainsi que des talents de créateur et de gestionnaire.

« Ce n'est pas réjouissant comme perspective. »

Oui je sais. Mais ce n'est pas parce que c'est difficile que vous ne pouvez pas y arriver. Malgré toutes ces considérations, si vous êtes convaincu de vos idées, de vos capacités, si vous êtes prêt à travailler 35 heures (en deux jours!), alors faites-le. L'entreprise reste sans aucun doute un excellent véhicule d'enrichissement dont les récompenses vont bien au-delà de la simple satisfaction financière.

Si vous êtes capable d'exploiter correctement votre affaire, vous gagnerez souvent plus d'argent comme patron qu'en tant que salarié. Non seulement vous pourrez en tirer un salaire, mais également des dividendes. Et si vous avez la chance de céder votre entreprise, à un concurrent ou n'importe quel autre investisseur, vous réaliserez une plus-value très substantielle qui sera un formidable accélérateur d'enrichissement.

« Y a-t-il des préalables importants pour se mettre à son compte? »

Si vous tenez à vous lancer dans l'aventure, il existe des conditions idéales et certaines qualités que vous devez posséder pour mettre un maximum de chances de votre côté. Les principales sont les suivantes:

Avoir une expérience dans le domaine que vous souhaitez exploiter. Si vous vous lancez dans la création de sites Internet et que vous ne savez pas utiliser un ordinateur, vous risquez d'avoir quelques problèmes. Il est donc nécessaire d'avoir des connaissances solides et adaptées au secteur d'activité dans lequel vous souhaitez évoluer.

Avoir un produit qui répond à la demande du marché. Si vous vendez des espadrilles au pôle Nord vous aurez beaucoup de mal à développer vos ventes. Pour rencontrer le succès, il faut que vos produits soient adaptés à l'environnement économique. Si d'autres sociétés proposent les mêmes services ou produits, ne considérez pas que votre projet est compromis. Bien au contraire. Cela ne fait que confirmer qu'il y a un marché. Ce n'est pas parce qu'il y a déjà des boulangers que vous ne devez pas vendre de pain ! En revanche, lorsque plusieurs sociétés proposent les mêmes produits, non seulement elles doivent affronter la concurrence des autres marques mais également la compétition de leurs propres produits. Ce qui fait invariablement baisser les marges bénéficiaires. C'est exactement ce qui se passe pour les vendeurs de voitures. Tous les concessionnaires de la même marque vendent exactement les mêmes voitures. Dans ces conditions, c'est souvent celui qui est prêt à concéder la plus grosse remise qui a le plus de chance de conclure la vente.

Avoir une protection contre la concurrence. Si vous avez un produit qui répond à un besoin, il est évident que moins vous aurez de concurrents, moins vous aurez de problèmes pour dégager des bénéfices et organiser votre réseau de vente. Pour l'exemple, j'ai un ami qui représente plusieurs marques étrangères. Il a pour règle d'or de ne jamais distribuer de produits pour lesquels il n'a pas l'exclusivité. Bien qu'il ait des concurrents qui proposent des produits équivalents sous d'autres marques, il n'a pas à gérer une compétition sur ses propres produits.

Disposer d'un capital suffisant. Quelle que soit la taille de votre entreprise, pour démarrer une activité commerciale ou industrielle vous avez besoin d'un minimum de fonds. Ne serait-ce que pour louer des locaux, payer les premiers mois de salaire, financer le stock, faire de la publicité, etc. Si vous n'avez pas les fonds nécessaires pour lancer correctement votre activité, vous serez limité dans son développement et obligé de réduire la voilure ou de fermer boutique. Au final, vous aurez dépensé votre argent en pure perte.

Être capable de se remettre en question. Une qualité importante du créateur d'entreprise est sa capacité à prendre du recul. Nous vivons dans un monde où les choses vont toujours plus vite et où les choix économiques sont régulièrement remis en question. Ce phénomène rend la stabilité de l'entreprise très sensible à l'état du marché. Sans compter que vous devrez vous assurer de la validité de vos concepts et de la durée de vie des produits en fonction des modes et des besoins. Si vous ne savez pas reconnaître ou admettre que vous êtes dans la mauvaise direction à un moment ou un autre, vous aurez plus de chances d'avancer vers l'échec.

Savoir arrêter. Ce n'est pas parce que vous exploitez une société depuis plusieurs années avec succès que cela doit vous empêcher de la fermer le moment venu. Laissez-moi vous citer un cas réel. Il y a quelques années, Alexandre exploitait un magasin d'informatique. À cette époque le marché était déclinant, les marges laminées, et l'entreprise perdait plus de 100 000 euros par mois. Conscient de la situation, Alexandre savait qu'il courait inévitablement au dépôt de bilan. Un jour je lui posai la question: « Pourquoi n'arrêtes-tu pas l'activité? Il reste suffisamment d'argent dans la société pour en retirer quelque chose, au lieu de perdre ton temps et ta santé dans une situation vouée à l'échec. » La réponse fut étonnante: «Que veux-tu que je fasse d'autre. C'est la seule chose que je sache faire!». Je lui répondis «Aujourd'hui tu as 35 ans. Si nous considérons que ton espérance de vie est de 80 ans, tu vas continuer dans cette voie jusqu'à ta mort pour la simple raison que tu n'as jamais rien fait d'autre dans ta vie!». Bien que je vis une lueur d'interrogation dans ses yeux, Alexandre ne changea rien à la situation qui se solda par un dépôt de bilan.

Avoir les qualités d'un manager. Si vous souhaitez développer fortement votre entreprise, vous serez amené à embaucher du personnel. Dès lors, c'est la qualité des femmes et des hommes que vous emploierez qui conditionnera sa bonne marche. Je ne vous cache pas que c'est certainement la chose la plus difficile et le domaine où j'ai fait le plus d'erreurs en tant qu'entrepreneur. Laissez-moi partager avec vous trois secrets sur la gestion du personnel.

1/ N'hésitez jamais à vous séparer des mauvais éléments. Dans beaucoup d'entreprises, des employés médiocres survivent à leur poste parce que le patron n'a pas le courage de s'en séparer. J'ai même vu une société prospère péricliter à cause d'un seul employé, particulièrement mauvais, qui paralysait l'entreprise par son poste clé et par le chantage qu'il exerçait. Sans parler des conséquences indirectes qui se révéleront encore plus néfastes. Par exemple, les bons éléments deviennent difficiles à motiver lorsqu'ils s'aperçoivent que leur travail n'est pas mieux considéré que celui des mauvais. En vous séparant des moins bons vous favorisez l'esprit d'entreprise et créez une dynamique.

« Vous êtes quand même dur. Vous nous dites carrément de virer les mauvais éléments. Ils ont aussi besoin d'un salaire pour subvenir aux besoins de leur famille. »

En tant que patron je suis profondément convaincu que l'entreprise a une responsabilité sociale et morale vis-à-vis des personnes qu'elle emploie. Mais elle n'a aucune obligation d'assistanat. Si vous n'admettez pas l'évidence et refusez de vous séparer d'un mauvais élément, non seulement vous entravez la bonne marche de l'entreprise, mais vous mettez en péril votre actif et, par ricochet, les revenus et les emplois des autres employés.

2/ Autre recommandation: n'hésitez pas à bien payer vos meilleurs employés. Si vous vous lancez dans la grande aventure de l'entreprise n'hésitez pas à récompenser les meilleurs au détriment des plus mauvais en instituant une méritocratie. Créez des déséquilibres dans les salaires, sinon vous démotiverez les bons éléments et conforterez les moins bons dans leur attitude passive. Si ces derniers ne sont pas contents de leur sort et crient à l'injustice, demandez-leur s'ils trouvent normal d'être payés au même salaire que ceux qui travaillent réellement pour la société!

Une entreprise c'est avant tout des individus qui font avancer la machine. Il est donc normal de les intéresser aux résultats qui sont la conséquence de leur travail. Plus la récompense sera valorisante, plus ils travailleront. Plus ils mettront de cœur à l'ouvrage, plus l'entreprise générera de bénéfices.

Bien payer ses employés ne se résume pas à surpayer vos collaborateurs. Si vous souhaitez pratiquer cette politique de rémunération, il faut que le salaire soit le reflet de leurs efforts. Faites intervenir une partie variable qui sera fonction des résultats personnels de chacun et/ou des résultats globaux de l'entreprise.

« Vous ne trouvez pas que nous nous éloignons de nos considérations d'enrichissement. »

Je ne suis pas d'accord avec vous. Le succès de votre entreprise est le fruit du travail de l'équipe que vous mettrez en place. Par conséquent une bonne gestion du personnel est primordiale à sa bonne marche. Si vous êtes le créateur de la société, n'oubliez pas que vous avez engagé vos fonds. Le but du jeu est de faire fructifier cet investissement, pas de le gaspiller. Vous vous enrichirez uniquement si votre entreprise devient un actif qui prend de la valeur et génère de la richesse au fil du temps.

Les franchises

« Que pensez-vous des entreprises franchisées. Est-ce moins risqué ? »

Les franchises sont une bonne solution pour démarrer une activité commerciale avec un minimum de risques. Aux États-Unis, 80 % du commerce est organisé sous forme de franchises, alors qu'il n'est que de 40 % en France. La concurrence étant toujours plus vive, et les compétences requises toujours plus importantes, il y a fort à parier que nous suivrons la même tendance dans les années à venir.

En contrepartie d'un droit d'entrée et de redevances annuelles, un bon franchiseur vous apportera les compétences nécessaires au bon fonctionnement de votre entreprise au travers d'outils de gestion adaptés à votre activité, mais également par le partage des bonnes et mauvaises expériences des autres exploitants de la marque.

« Comment faites-vous pour sélectionner une franchise ? »

D'une manière générale, plus les marques sont anciennes, plus leurs concepts sont validés. Plus le nombre de franchisés est important, plus elles auront démontré qu'elles savent vivre dans un environnement économique concurrentiel. À l'image de la marque McDonald's qui est certainement la franchise la plus connue au monde. Tous ces aspects vous permettront de réduire fortement le risque d'échec. Par conséquent les informations que vous devrez vérifier sont avant tout le nombre de franchisés, depuis combien de temps ils sont en activité, et vous assurer que le chiffre d'affaires et la rentabilité annoncés sont bien conformes à la réalité. Seuls ces éléments vous donneront une réelle idée du potentiel de votre future activité. En contrepartie de leurs performances et de la validité de leur savoir-faire, les franchiseurs seront beaucoup plus exigeants pour la sélection des candidats, et les droits d'entrée plus élevés.

En optant pour ce type de commerce, vous évoluerez dans un environnement économiquement contrôlé. En échange de votre temps et de votre énergie, le franchiseur vous vend un retour sur investissement raisonnable et utilise l'effet de levier puisqu'il vend le même concept à plusieurs dizaines ou centaines de franchisés. Si vous agissez selon les plans d'action qu'il fournira vous n'aurez plus à vous soucier du développement de votre chiffre d'affaires. Il vous restera néanmoins les responsabilités de l'entreprise et la gestion du personnel.

Le prix de l'indépendance

« Si je compte bien, il apparaît que si j'avais suffisamment d'argent pour acheter une franchise, mettons 100 000 euros, en faisant travailler cet argent à 10 % selon les différents principes que nous avons passé en revue, au bout de 15 ans je serai en possession de 417 000 euros sans avoir à travailler 10 heures par jour. »

C'est vrai, mais l'argent n'est pas obligatoirement la motivation première du créateur d'entreprise. Beaucoup se lancent dans l'aventure par goût de l'indépendance et de la liberté. J'ai créé ma première entreprise à l'âge de 23 ans, parce que je ne souhaitais pas travailler pour un patron, mais aussi parce que je voulais être libre de mon temps. J'étais prêt à travailler 15 heures par jour mais uniquement pour mon compte, pas lorsque mon éventuel patron l'aurait souhaité.

D'autres privilégieront la qualité de vie et seront prêts à en payer le prix. Je connais plusieurs personnes qui préfèrent la liberté en choisissant de ne travailler que quatre heures par jour, alors qu'ils pourraient gagner trois fois plus en travaillant à plein temps.

« Je suis tout à fait d'accord avec vous, mais souvent nous sommes rebutés par les tracasseries administratives. »

Il faut bien reconnaître que l'aspect administratif de la création et de la gestion d'une entreprise est souvent consommateur de temps, d'énergie et coûteux lorsqu'il faut utiliser différents spécialistes comme les comptables ou les avocats. Toutefois, il existe une solution qui permet de se mettre à son compte tout en s'affranchissant des contraintes administratives. C'est le portage salarial.

Le portage salarial

Les sociétés qui organisent le portage salarial fonctionnent comme des sociétés de travail temporaire, à la différence que vous avez la charge de trouver et de gérer le client. Vous restez tout de même le maître du jeu et déterminez avec votre client le montant, la durée et le contenu de la prestation que vous effectuerez. Une fois ces éléments précisés, la société de portage établira un contrat entre les différentes parties et se chargera de facturer votre client. Après avoir prélevé sa commission et payé les charges sociales inhérentes à toute rémunération, la somme perçue vous sera reversée sous forme de salaire. Les avantages sont évidents :

1/ Vous n'avez pas besoin de créer de société pour exploiter votre activité. Donc pas ou peu d'immobilisation de capital ou de frais à engager pour la création d'une entité juridique.

2/ Inutile de tenir une comptabilité puisque vous êtes un simple salarié. Plus de comptable à payer, pas de TVA à calculer en fin de mois, plus d'heures ingrates consacrées à la gestion administrative et pas de paperasses rébarbatives à remplir. Vous pouvez consacrer 100 % de votre temps au développement de votre activité et toutes les sommes perçues seront nettes de frais, à l'exception des impôts sur le revenu.

3/ Vous pouvez travailler quand vous le souhaitez et à votre rythme. Si vous effectuez votre prestation en un mois, vous pouvez demander à la société de portage d'étaler vos salaires sur deux mois ou plus en fonction de vos besoins ou des impôts que vous serez amené à payer. Par exemple, si votre prestation se déroule au mois de décembre, au lieu de toucher la totalité de la somme en une fois, vous pourrez étaler les paiements sur les premiers mois de l'année suivante, ce qui vous permettra de minimiser l'impact de l'impôt sur le revenu pour l'année en cours.

4/ Maintenant le plus intéressant de tout : puisque vous avez un statut de salarié, lors des périodes d'inactivité vous pouvez bénéficier des allocations chômage. Alors qu'un entrepreneur sera obligé de souscrire à une assurance spécifique pour en bénéficier. Comme les indemnités chômage sont calculées en fonction du montant moyen des derniers salaires et de la durée travaillée, vous pourrez ajuster les salaires versés par la société de portage et optimiser vos revenus sur l'année en alternant les périodes d'activité et d'inactivité sans que vos rentrées subissent de fortes variations.

« C'est formidable comme formule. Dans ces conditions il est beaucoup plus facile de se mettre à son compte. »

Le portage salarial est une excellente formule pour démarrer une activité. Il permet de tester un concept ou une idée à moindre frais sans stress, avant de lancer une activité à grande échelle. Il a aussi ses contraintes. Tout d'abord il ne s'applique qu'aux activités de services ou intellectuelles. Ce qui signifie que vous ne pourrez pas développer d'activité industrielle, ni vendre de marchandises, ni embaucher de personnel. Même si ces deux derniers aspects peuvent être en partie contournés, toutes ces contraintes font que le portage salarial est surtout réservé aux personnes qui souhaitent travailler seules. Ce qui représente le plus gros de la population des indépendants.

« Et si vous nous disiez comment contourner ces contraintes. »

En ce qui concerne l'embauche de personnel, rien ne vous empêche d'utiliser des sous-traitants. Si vous êtes concepteur de site Internet, vous pourrez rémunérer un graphiste qui se chargera de la partie artistique pendant que vous vous chargerez de la partie fonctionnelle. Pour votre client vous restez le maître-d'œuvre et apportez une prestation complète.

Pour la vente de matériel, les choses sont plus contraignantes et ne peuvent être développées à grande échelle. Par exemple, une de mes connaissances utilise le portage salarial pour son activité d'installation de réseaux informatiques. Inévitablement ses clients lui demandent conseil dès qu'ils doivent étendre leur parc informatique. Étant dans l'impossibilité de vendre du matériel, celui-ci les aiguille vers une société avec laquelle il entretient de bonnes relations, et perçoit une commission pour le matériel qu'il vend par délégation.

Continuez à vous payer en premier

Avant d'aborder la fin de ce chapitre je voudrais attirer votre attention sur le fait que la création d'entreprise est avant tout un pari sur l'avenir et que les fonds nécessaires à son lancement monopolisent souvent l'épargne et la richesse que vous aurez accumulées au cours des années précédentes. Sans garantie de les recouvrer un jour. C'est une situation de tout ou rien qui vous oblige à mettre tous vos œufs dans le même panier. C'est-à-dire que votre risque sera uniquement concentré sur cet investissement.

En revanche, dès que votre entreprise sera capable de produire des résultats vous devrez invariablement revenir à la stratégie de vous payer en premier. Pas seulement sur votre salaire, mais également sur les bénéfices dégagés par votre activité. Même si ce n'est que 5 %, prenez la bonne habitude de vous payer en premier sur les résultats de votre entreprise. Vos banquiers essayeront de vous en dissuader, surtout s'ils vous ont prêté de l'argent. Ils argueront que vous devez avoir un maximum de liquidités pour sécuriser l'entreprise. C'est vrai en partie. Mais c'est surtout la banque que vous sécurisez. Car plus vous aurez de trésorerie, moins vous aurez d'occasions de lui demander un découvert, et moins elle aura de risque à prendre sur vous.

Attention à ne pas fragiliser l'entreprise. Certaines ont besoin d'un fond de roulement pour fonctionner correctement. Ce n'est pas parce que votre comptable vous dit que vous avez gagné 100 000 euros cette année qu'ils sont obligatoirement disponibles sur votre compte en banque. Ils sont peut-être immobilisés dans votre stock ou dans différents investissements nécessaires à la bonne marche de l'entreprise.

Pour conclure, je vais vous donner deux autres bonnes raisons de vous payer en premier sur les bénéfices :

- Si vous faites tout pour vous payer en premier, comme pour la gestion de vos ressources personnelles, vous vous obligerez à vous poser la question « Comment faire pour arriver à dégager 5 ou 10 % pour moi sans déséquilibrer les comptes de la société». Encore une fois vous allez mettre votre cerveau en marche pour essayer de résoudre un problème et trouver des solutions.

- Ensuite, si vous décidez un jour de monter votre propre affaire, notez bien cet argument, il vaut des milliers de fois le prix de ce livre:

**Payez-vous en premier,
car si vous étiez amené à déposer le bilan,
ce ne sont ni vos clients, ni votre banquier
qui viendront à votre secours.**

Cette remarque est applicable à tous les cas de figure et pas seulement à l'entreprise. Mettez votre argent dans votre poche et payez-vous en premier, c'est le meilleur moyen de vous protéger contre les aléas de la vie.

Chapitre 8

CHANCE ET OPPORTUNITÉ

La plupart des gens ratent leur chance parce qu'elle se présente souvent en tenue de travail.
Henry Ford

Je voudrais revenir sur un sujet abordé lors du premier chapitre qui concerne les différentes façons de s'enrichir et les liens entre la chance et la richesse.

« 100 % des gagnants ont tenté leur chance »

Pour lancer le débat, je vous propose de répondre à une nouvelle question : « Peut-on réellement dire que la chance a un rôle dans l'acquisition de richesse ? »

« Il est évident que la chance favorise certains d'entre nous. Personnellement, mon ami Pierre est quelqu'un de naturellement chanceux. »

Qu'est-ce qui vous fait dire ou qu'est-ce qui vous permet d'affirmer qu'il est chanceux ?

« C'est simple. Il est toujours au bon endroit et au bon moment. »

Nous reviendrons sur cette affirmation, mais dans un premier temps je voudrais que nous parlions tous de la même chose en nous mettant d'accord sur la définition de la chance. Une suggestion?

« La chance est un cadeau du ciel qui nous tombe dessus pas hasard. »

Si nous retenons cette définition angélique, que devons-nous dire d'une personne frappée par la foudre?

« Pour avoir une définition plus précise, il faut prendre en compte les aspects positifs et négatifs. Disons alors que la chance ou la malchance sont des choses qui nous arrivent alors que nous n'avons rien fait pour cela. »

Admettons. Dans ce cas que pouvons-nous dire de quelqu'un qui gagne au loto? Même s'il ne s'attend pas à toucher le gros lot, il a tout fait pour gagner puisqu'il a rempli, payé et déposé son bulletin!

Reprenons votre remarque qui mentionnait que votre ami Pierre était toujours au bon endroit et au bon moment. Il serait intéressant que vous nous disiez plus précisément pourquoi vous considérez que Pierre est chanceux.

« J'ai beaucoup d'exemples. Le premier qui me vient à l'esprit est lorsque Pierre m'a emmené à une vente aux enchères. Ce jour-là se vendait une maison et tout son contenu. Nous avons attendu que tout soit vendu et que la vente se porte finalement sur la maison. À ce moment il ne restait qu'un seul autre enchérisseur qui ne semblait pas très motivé. Au final Pierre a pu acheter la maison pour une bouchée de pain et la revendre 4 mois plus tard, 50 % plus cher. Par le jeu des crédits il n'eut à financer que trois men-

sualités, et son retour sur investissement fut astronomique. Le plus incroyable, c'est que cela lui arrive régulièrement. C'est réellement la personne la plus chanceuse que je connaisse. »

Pourtant ce jour-là, vous étiez aussi chanceux que lui !

« Pourquoi ? Je n'ai pas gagné un seul centime dans cette histoire ! »

Oui, mais en dehors du fait que vous ne souhaitiez pas faire d'ombre à votre ami, qu'est-ce qui vous empêchait d'enchérir pour votre propre compte ?

« Tout simplement parce que je n'avais pas prévu d'y participer ! Je vois où vous voulez en venir. Vous allez me dire que j'étais en face de la même opportunité et par conséquent à ce moment-là j'étais aussi chanceux que lui. En réalité toutes les personnes présentes à l'enchère avaient la même chance puisque tous étaient là au bon moment et au bon endroit. Seul Pierre avait prévu d'avoir l'argent disponible et une idée de la valeur de la maison, pour profiter de l'occasion qui pourrait se présenter. »

Bonne analyse. C'est exactement le type de situation que beaucoup de personnes considèrent comme chanceuse lorsqu'elles voient quelqu'un d'autre en profiter. Pourtant tout ceci n'avait rien à voir avec la chance ou le hasard. Votre ami a simplement créé sa propre chance en préparant son coup. Il a d'abord été voir sa banque pour qu'elle lui donne un accord de principe pour le financement et il a pris le temps de vérifier les prix du marché dans le quartier où se situait la maison. Ainsi, il était prêt à saisir l'opportunité qui se présenterait éventuellement le jour de la vente.

« Vous avez raison. Il me semble évident maintenant que certaines personnes font tout pour créer et provoquer leur chance. Ce qui donne l'impression qu'ils sont toujours au bon endroit et au bon moment, c'est qu'ils ont tout fait pour tirer parti de la situation. En réalité ce n'est pas de la chance, ils ont simplement fait leur travail. C'est seulement ceux qui ne connaissent pas l'envers du décor qui appellent cela la chance. »

Ne vous faites aucune illusion, en matière d'argent les choses arrivent rarement par hasard. N'oubliez pas que l'argent et la richesse qu'il génère sont convoités par tous ceux qui savent comment l'acquérir. Et ils n'ignorent rien de ce qu'ils doivent faire pour arriver à leurs fins. Si vous n'êtes pas préparé ou si vous n'avez pas travaillé suffisamment en amont, vous regarderez les chances de votre vie vous passer sous le nez et penserez que les autres sont plus chanceux que vous.

« Donc, si nous considérons que la plupart des choses sont le fruit du hasard, alors que cela ne l'est pas, qu'est-ce que la chance? Est-ce que nous pouvons dire que c'est un cadeau inattendu du destin si nous n'avons rien fait, ni prémédité quoi que ce soit pour l'obtenir. »

« La définition semble acceptable pour la 'bonne' chance, mais ne convient pas pour la malchance. Dans ce cas le mot cadeau semble inapproprié. »

« Disons plutôt que la chance est quelque chose d'inattendu, reçu sans aucune qualification ni action préalable. Ainsi défini, l'inattendu peut être aussi bien une chose positive (chance) que négative (malchance) sans que quoi que ce soit ait été fait pour l'attirer ou que nous soyons préparé à le recevoir. »

Comme vous le voyez il est difficile de définir ce qu'est exactement la chance. Celle-ci ne répond pas aux mêmes critères en fonction de la situation et du moment. Mais vous avez compris qu'il serait parfaitement illusoire et hasardeux de baser votre plan d'enrichissement sur votre bonne étoile. En revanche, faites tout ce qu'il faut pour mettre les probabilités de votre côté et vous vous apercevrez que vous aurez plus souvent de bonnes surprises que de mauvaises. Faites les choses à moitié et votre probabilité d'échec se manifestera plus facilement.

Attention aux mirages

Abordons l'autre partie de ce chapitre : les opportunités. Ce qui paraîtra étrange, au début de votre processus d'enrichissement ou à chaque fois que vous serez prêt à investir de l'argent, c'est que les occasions d'investissement viendront à vous plus souvent et plus rapidement que vous ne le pensiez au départ. En réalité ce n'est pas parce que vous avez de l'argent à investir que ces occasions seront plus fréquentes, mais simplement parce vous êtes vraiment à la recherche d'opportunités. Pour reprendre l'exemple de la vente aux enchères et son contre-pied, vous n'avez vu aucune opportunité parce que vous n'étiez pas parti dans l'optique d'acquérir. Vous étiez uniquement là en tant que spectateur.

Une autre chose qui vous semblera étrange c'est que la plupart des opportunités qui se présenteront à vous seront souvent des affaires peu ou pas rentables. Vous trouvez cette déclaration peut-être très étonnante, mais elle est le strict reflet de la réalité. Prenons l'immobilier en 2005/2006, et supposons que vous soyez attiré par la publicité alléchante d'un promoteur qui se vante de pratiquer des prix raisonnables. Si vous calculez la rentabilité du loyer par rapport au prix demandé, vous allez vite vous apercevoir que c'est le promoteur qui fait une bonne affaire. Dans les chapitres précédents, nous avons mentionné les différents aspects et caractéristiques que doivent présenter vos investissements. Si vous suivez ces conseils, vous devriez facilement écarter les fausses bonnes affaires et utiliser votre argent au mieux.

Il reste néanmoins un paramètre important que nous n'avons pas évoqué, et sur lequel nous aurons l'occasion de revenir : vous. Autant vous pouvez être votre propre bienfaiteur, autant vous pourrez être votre pire ennemi et l'organisateur de vos échecs. Pour vous protéger de vous-même et avant de vous engager dans une affaire, pensez à vous poser les questions suivantes :

- Est-ce que cette opportunité est réellement pour moi ?
- Est-elle saine et raisonnable ?

En répondant à la première question vous éliminerez rapidement beaucoup d'offres qui semblaient alléchantes aux premiers abords. En complément, vous pourriez vous demander si cette opportunité fait partie d'un domaine connu ou inconnu pour vous ? Si vous n'êtes pas capable de répondre franchement à cette nouvelle question, il est possible que vous ayez des lacunes à combler ou qu'il vous manque des informations pour être capable de profiter pleinement de l'aubaine, ou peut-être même que vous vous mettez en danger.

Un minimum de connaissances est vital pour être capable d'identifier et de saisir les meilleures opportunités. Si vous n'avez pas un tant soit peu la maîtrise du sujet, vous ne saurez pas reconnaître et exploiter les bonnes affaires lorsqu'elles se présenteront. Dans le meilleur des cas vous serez incapable de les saisir. Dans le pire, vous risquez de payer trop cher (dans tous les sens du terme) et de perdre de l'argent.

Pour répondre à la seconde question, vous devrez apprécier et évaluer objectivement l'investissement que vous vous apprêtez à réaliser. Si celui-ci peut potentiellement vous mettre dans une situation difficile à gérer, ou en position de faillite, laissez tomber et allez jeter vos filets ailleurs. Même si l'opportunité est réelle, il est probable que vous soyez en train de pêcher un trop gros poisson pour vous.

Laissez-moi vous donner un exemple. Vous empruntez la totalité du prix pour acheter un magnifique appartement sur la mer que vous projetez d'habiter dans quelques années. Dans l'intervalle, vous mettez cet appartement en location. Si le loyer est de 1 000 euros et que la mensualité de votre crédit s'élève à 2 000 euros, vous aurez à débourser 1 000 euros supplémentaires chaque mois. Si vous êtes incapable d'assumer sereinement le déséquilibre entre vos rentrées et vos sorties, vous aurez créé une position difficile à tenir et générerez une situation stressante. En cas de problème, la pression économique et psychologique vous obligera à céder votre actif dans la précipitation. Transformant une superbe plus-value potentielle en perte, que vous traînerez quelques années puisque vous avez fait un emprunt total.

La première impression

Un autre garde-fou. Dans la plupart de mes investissements, j'ai remarqué que ma première impression était souvent la bonne. Je pense que c'est également vrai pour la plupart des gens. La raison est très simple : si une affaire est bonne et/ou saine, cela se voit tout de suite. Tout simplement parce que c'est sa première caractéristique.

A contrario, lorsque nous nous posons trop de questions c'est souvent parce que nous avons des doutes. Plus la réflexion est longue, plus elle démontre que nous ne sommes pas sûrs de nous. Ma règle d'or à ce sujet est la suivante :

Au moindre doute, abstenez-vous...

Investir ne consiste pas à prendre des risques, mais à évaluer et gérer le risque. Si vous avez un doute et que vous persistez, vous ne ferez que créer une situation psychologiquement difficile. Le côté pernicieux de la chose, c'est que chaque fois que vous serez amené à prendre une décision le doute vous habitera un peu plus pour, au final, vous empêcher d'agir.

« Mais nous pouvons avoir des doutes tout en ayant raison. »

Exact. Cela vous arrivera certainement à vos débuts. C'est souvent dû au fait que vous n'êtes peut-être pas encore prêt ou que vous n'avez pas les connaissances suffisantes pour vous lancer. Dans les deux cas, prenez votre temps et ne vous précipitez pas, et surtout n'investissez jamais par dépit.

« Que voulez-vous dire exactement par dépit ? »

Si vous manquez une opportunité parce que vous n'avez pas réagi assez rapidement, ou que vous ne trouvez rien qui correspond réellement à vos critères de sélection (à condition que ceux-ci soient raisonnables et réalistes), vous aurez tendance à vous précipiter sur la prochaine occasion qui se présentera. Ou encore, vous ferez plus facilement des concessions sur le prix ou la qualité.

C'est ce qui m'est arrivé lorsque j'ai acheté ma première résidence principale. Nous avions jeté notre dévolu sur une maison. Étant donné que c'était la première que nous visitions, nous tenions à voir d'autres biens avant de prendre une décision. Faute de mieux, je retournai voir le propriétaire. Malheureusement celui-ci avait déjà donné son accord à un autre acheteur. Je me rabattis (je devrais dire précipitai) sur mon second choix sans être pleinement convaincu et (pratiquement) sans négocier le prix de peur que le scénario précédent se répète.

Première conclusion : ne vous précipitez pas et faites vos investissements sereinement, lorsque vous avez les idées claires. Pas sous la pression, ni sous le coup de l'émotion. Dans le cas contraire vous pourriez vous-même créer des opportunités qui n'existent pas.

Deuxième conclusion : ne soyez pas étonné ou effrayé de tomber du premier coup sur la bonne affaire. Si l'investissement correspond à vos critères, allez-y. Lorsque nous prenons trop de temps c'est que nous avons besoin de nous rassurer avant de nous décider. Plus vous attendrez, plus vous vous poserez de questions. Plus vous vous en poserez, moins vous trouverez de bonnes raisons d'agir. Je sais aujourd'hui que le travail d'investisseur consiste à identifier et saisir les bonnes affaires lorsqu'elles se présentent. Tout le reste n'est que perte de temps et d'énergie.

Le meilleur moyen d'attirer la poisse

Pour en finir avec les garde-fous, si vous devez vous engager avec d'autres personnes, il y a deux aspects que vous devrez prendre en compte :

- Est-ce que les personnes impliquées sont suffisamment fiables?

- Avez-vous un contrôle sur la situation?

Je vais vous raconter la mésaventure (simplifiée) d'un ami, qui illustre bien l'intérêt de répondre à ces deux questions.

François se voit proposer l'achat d'un terrain indivisible et non constructible (ces détails ont leur importance) par son ami Patrick pour la somme de 50 000 euros. De sources sûres, selon Patrick, ce terrain devait devenir constructible dans l'année et voir sa valeur tripler. Les deux compères payèrent chacun la moitié du prix (25 000 euros) et attendirent le bon moment pour entreprendre les formalités de changement de statut du terrain. Sans rentrer dans les détails, la mairie donna son accord pour que le terrain devienne constructible à la condition que les nouveaux propriétaires fassent quelques aménagements. Première mauvaise surprise : le devis pour la mise en conformité s'élevait à 50 000 euros, soit autant que le prix du terrain !

Bien que la pilule fut difficile à avaler, la plus-value potentielle restait intéressante. Le problème c'est que Patrick n'avait pas la possibilité de payer sa part du surcoût. En revanche, François pouvait financer la totalité. Les deux associés décidèrent, par accord amical, que Patrick reverserait à François sa part du coût de la mise en conformité à la vente finale du terrain. Quelques mois plus tard, le terrain transformé fut vendu au prix de 140 000 euros. Chacun allait encaisser sa plus-value.

Deuxième surprise : au moment du paiement de la somme par le notaire, celui-ci fit savoir aux deux associés que la part de Patrick avait été hypothéquée pour un montant de 80 000 euros pour une dette impayée à l'administration fiscale. Étant donné que les deux acolytes n'avaient qu'un accord verbal, et sans tenir compte de l'impôt sur les plus-values qui ne ferait que ternir un peu plus le tableau, François ne reçut que 70000 euros au lieu des 105000 euros prévus. Soit une perte affichée de 35000 euros. De son côté, Patrick ne perçut rien. Bien qu'il ait été obligé de rembourser la plus grosse partie de sa dette celui-ci devait encore 5000 euros à l'administration et 35000 euros à François… qui ne revit jamais son argent.

Avant de vous engager dans une association, vérifiez que les personnes impliquées sont compétentes et fiables. Dans cette anecdote, François a fait confiance trop rapidement à Patrick pour son évaluation du terrain. Pour mener l'opération à terme et recouvrir son investissement de départ, il s'est retrouvé contraint de continuer à faire confiance à son camarade. Pour finalement se retrouver impuissant face aux événements et à l'insolvabilité de son associé.

« En vous écoutant, nous pourrions penser qu'il ne faut jamais faire confiance à personne. »

La confiance est nécessaire à toutes relations humaines, et un élément incontournable à toutes associations. Ceux qui ne font pas confiance en manquent souvent pour eux-mêmes. Sans compter que si vous n'avez confiance en personne, vous n'avancerez pas. J'ai fait d'excellentes affaires en m'associant à d'autres personnes. Elles m'ont permis de réunir des compétences que je n'avais pas pour saisir certaines opportunités et réaliser des plus-values importantes. Mais toute la confiance du monde n'exclut en rien un minimum de vérification.

Le message que je veux faire passer, c'est que **dans le cadre d'une association vous investissez votre argent à la fois sur**

un actif potentiel, mais aussi et surtout sur des hommes. Si vous n'en savez pas suffisamment à leur sujet, il est possible que vous preniez un risque plus important que prévu en faisant intervenir une part d'inconnu supplémentaire.

Pour limiter le risque d'imprévus vous devez avoir un minimum de contrôle sur la situation. Certes, il est impossible de maîtriser à 100 % une situation. Mais lorsque les règles d'entente sont déséquilibrées par un élément quelconque ou un changement de la situation, n'hésitez pas à les revoir pour rétablir l'équilibre. Dans le cas de François et Patrick, le déséquilibre a été créé par le montant des frais inattendus que seul François pouvait assumer. Sans mettre la main à la poche l'affaire n'aurait pas pu être menée à terme et adieu les bénéfices et le capital investi. Résultat : le problème de Patrick est devenu celui de François. Ensuite, par excès de confiance ou fainéantise, rien n'a été acté officiellement pour la nouvelle répartition des gains. Si bien qu'au moment de toucher le montant de la vente, le gain de François s'est transformé en perte.

Dans le cadre d'une association, les règles de départ sont définies par rapport à un environnement donné. Si cet environnement est modifié officialisez ces changements en couchant sur le papier les nouvelles dispositions. Ainsi, vous éviterez les contestations ultérieures tout en clarifiant, au préalable, d'éventuels malentendus.

Pour en terminer avec ce chapitre, je voudrais insister sur l'aspect humain. Ce dernier est prépondérant pour chacune des décisions que vous serez amené à prendre. Ne le sous-estimez pas et faites tout pour protéger votre fortune. C'est le sujet que nous développerons lors du prochain chapitre.

Chapitre 9

DORMEZ SUR VOS DEUX OREILLES

À présent que vous savez comment produire de la richesse, il est temps d'aborder le troisième volet de notre processus d'enrichissement : la protection. C'est un aspect important et incontournable qui vous permettra de ne pas voir des années d'efforts partir en fumée pour la simple raison que vous n'avez pas su protéger votre richesse.

Dans un premier temps nous resterons technique et regarderons quelles protections vous devez mettre en place en fonction des différents véhicules d'enrichissement que nous avons évoqués. Ensuite, nous reviendrons encore une fois sur le point central et le plus important évoqué dans le chapitre précédent : votre personnalité.

Les placements

Le système bancaire français est structuré de manière à garantir n'importe quel compte en banque à hauteur de 60 000 euros. Par conséquent, si vous choisissez de placer votre argent sur des produits comme l'assurance-vie ou d'autres produits financiers réputés non risqués, vous devrez changer de banque dès que votre capital aura atteint ce niveau. Attention, cette mutualisation ne couvre pas les pertes qu'aurait subi un placement en particulier. Il couvre uniquement le risque d'une éventuelle faillite de votre banque.

En procédant de la sorte, et si votre banque était amenée à déposer le bilan, votre argent serait protégé et vous recouvreriez vos fonds. Très honnêtement, c'est un cas extrêmement rare, mais ne croyez pas que cela n'arrive jamais. À l'image de la vieille banque anglaise Barrings mise à terre par l'un de ses traders qui spéculait sur les matières premières à la bourse de Hong Kong. Ou plus proche de nous la quasi-faillite du Crédit Lyonnais, qui n'a dû son salut qu'au fait que l'État en était le principal actionnaire.

Si vous êtes très conservateur, ne prenez pas de risques et n'hésitez pas à ouvrir un compte dans une autre banque le moment voulu. Ne serait-ce que pour comparer les prestations des différents établissements et faire jouer la concurrence pour votre plus grand profit.

L'immobilier

La protection de votre investissement immobilier est fonction de la destination du bien. Si vous avez réalisé un investissement locatif, le but est de récolter des loyers qui viendront payer votre crédit. En France, les lois qui régissent les relations loueurs/locataires sont plutôt favorables à ces derniers. Par conséquent, en cas de problème, il vous faudra plusieurs mois pour évincer un locataire indélicat. Ce qui provoquera inévitablement un déséquilibre dans le montage financier que vous aurez mis en place. Vous devez donc vous assurer que ces loyers seront bien payés en temps et en heure.

Ne devenez pas paranoïaque pour autant. L'immense majorité des personnes ont à cœur d'assumer leurs engagements et n'ont pas de mauvaises intentions. D'ailleurs des études statistiques ont montré que seulement 6 % des locataires *oubliaient* de payer leur loyer et que cela se produisait essentiellement dans des zones sensibles et défavorisées.

Toujours est-il que ce n'est pas une raison pour être négligeant dans le choix de votre locataire. Il est habituel de vérifier que ce dernier gagne suffisamment, et de demander qu'un proche se porte caution pour garantir le loyer en cas de défaillance. Si vous ne tenez pas à gérer la partie administrative et intrusive dans la vie des autres, vous pouvez faire appel à des agences immobilières spécialisées qui s'occuperont de sélectionner le locataire, de vérifier ses revenus et le cas échéant d'assurer les loyers impayés.

Bien entendu, cette assurance a un coût (quelques pourcents sur le montant du loyer) qui viendra impacter votre rendement. Mais si vous mettez ces garanties en place vous en retirerez quelques avantages. Par exemple votre banquier sera plus enclin à vous accorder un prêt et dépasser la barre des 33 % si, au travers de l'assurance des loyers, il a une garantie supplémentaire que vous serez capable de rembourser votre emprunt. Vous pourrez également déduire ces frais de la partie imposable des revenus locatifs. Ce qui diminuera votre impôt.

Il existe une autre façon de se protéger d'une éventuelle défaillance de locataires indélicats, qui ne vous coûtera pas un centime. En fonction de leurs revenus (petits salaires, étudiants, etc.) ou de leur statut familial (nombre d'enfants), certains locataires bénéficient d'allocations logement payées par différents organismes d'État. Si vous vous déclarez comme étant le propriétaire des lieux, ces établissements vous verseront directement cette allocation. Certains locataires ne savent pas ou n'ont jamais fait la démarche de vérifier qu'ils ont droit à cette subvention. Rien ne vous empêche de le faire pour eux et d'assurer ainsi tout ou partie de vos revenus.

En ce qui concerne l'achat de votre résidence principale, il y a peu de protections à mettre en place. Comme pour un investissement locatif vous devez être sûr de pouvoir payer vos mensualités. Deux évidences s'imposent. La première est de ne pas s'endetter à tort et à travers pour éviter les problèmes de remboursement. Par exemple, à l'heure actuelle, les prix de l'immobilier sont relativement élevés, ce qui pousse les acquéreurs à produire de gros efforts financiers qui les fragilisent en cas de problèmes fnanciers.

Ce qui nous amène à la deuxième protection : celle de votre emploi. Je reviendrai en détails un peu plus loin sur un aspect plus philosophique et les meilleures façons de le protéger. Pour le moment regardons comment les banques peuvent vous aider.

Pour sécuriser les emprunteurs lors de la mise en place d'un crédit immobilier, les banques proposent de souscrire des assurances chômage qui prendront le relais en cas de perte d'emploi. Une fois encore cette assurance a un coût. Mais c'est aussi une excellente façon de se protéger contre certains imprévus économiques, *a fortiori* si votre apport personnel est faible, voire inexistant. En revanche si vous n'avez emprunté que 50 % du montant, l'intérêt de cette assurance est loin d'être avéré. Car en cas de problème, et après accord de votre banquier, vous pourrez certainement rallonger la durée du crédit et alléger vos mensualités. Ce qui vous permettra de passer un cap difficile, quitte à revenir aux mensualités précédentes dès que l'orage sera passé.

Dernier détail : ne souscrivez pas à ce type d'assurance dans le cadre d'un investissement locatif. Si vous avez pris toutes les garanties auprès de votre locataire, et même si vous avez emprunté 100 % de la somme, il y a peu de chances que cette assurance soit activée un jour. Surtout si vous avez fait en sorte que le montant du loyer couvre celui de vos mensualités.

La bourse

La protection de vos placements en bourse se situe à deux niveaux. Le premier concerne le capital en lui-même. Dans ce cas vous pouvez parfaitement utiliser le même type de protection que pour les placements classiques (changement d'établissement dès 60000 euros). Ensuite, la protection intervient dans la valorisation de votre capital, qui est calculée en fonction des variations des actions de votre portefeuille. Pour cette partie, il est pratiquement impossible de vous assurer contre ce risque.

En revanche il existe deux façons de gérer ce risque. La première consiste à investir progressivement votre capital pour répartir le risque dans le temps. La technique du CMR précédemment évoquée remplit parfaitement cette fonction, puisque votre capital et votre risque sont répartis sur toute la durée de l'investissement (plusieurs années) et non concentrés sur un versement unique. Prenons en exemple le cas défavorable où la bourse baisse de 20 % en un an. Si vous avez tout investi en une seule fois votre perte affichée (non réalisée tant que vous n'avez pas vendu) est de 20 %, alors qu'en répartissant le risque avec la technique du CMR, la perte latente n'est que de 10 %.

« D'accord, mais si la bourse monte, notre gain sera supérieur en investissant en une seule fois. »

Oui, mais vous ne le savez qu'après !

En optant pour la gestion d'un portefeuille d'actions, la meilleure façon de contrôler le risque rejoint le dernier principe évoqué. En concentrant votre achat sur un seul titre, vous liez inévitablement votre risque à sa progression. Si vous avez joué le bon cheval vous réaliserez une performance très appréciable. Si celle-ci dégringole de 50 %, et ce n'est pas rare, vous perdrez la moitié de votre capital.

En toute logique, pour éviter ce type de mésaventure, il est impératif de répartir votre capital sur plusieurs actions. Plus vous aurez d'actions plus la progression de votre capital sera lissée et moins elle sera exposée aux fortes variations. En contrepartie vous amoindrirez la performance. Exemple : mettons que vous possédiez trois actions et que la première progresse de 100 %, la seconde de 20 % et que la troisième perde 50 %. Bien que la dernière action ait perdu la moitié de sa valeur, votre portefeuille affichera tout de même une performance de 23,33 %. Bien entendu ce principe ne vaut que si vous investissez la même somme sur chaque action. Si vous engagez trois fois plus sur une action, vous annulerez l'effet de la répartition du capital et accentuerez le niveau de risque.

« Combien d'actions faut-il avoir en portefeuille ? »

Cela dépend du capital investi. Disons que moins vous serez capitalisé moins vous devrez posséder d'actions. Dans l'autre sens, ne dépassez pas une dizaine d'actions (je ne parle pas du nombre de titres mais du nombre d'entreprises dont vous détenez les actions). Car plus vous en détiendrez, plus vous aurez d'occasions de vous poser des questions. Et lorsque votre argent est en jeu, c'est loin d'être une bonne chose. Votre questionnement ne fera qu'aiguiser vos craintes et engendrer un manque de confiance. Par conséquent, plus vous vous poserez de questions, plus vous trouverez de mauvaises réponses.

L'entreprise

En dehors du fait que vous pouvez mettre un maximum de chances de votre côté, même en tenant compte des principes déjà évoqués, il est impossible de protéger une entreprise. C'est ce qui rend l'enrichissement par ce moyen plus incertain que par les autres véhicules. En revanche il y a deux choses que vous pouvez assurer : la solvabilité de vos clients et vous-même, dans le cas où vous seriez le responsable de la société.

Dans un premier temps vous devez utiliser les structures juridiques adaptées qui permettent de vous protéger d'une faillite. Ce sont les classiques SARL ou SA (**S**ociété **A** **R**esponsabilité **L**imitée/**S**ociété **A**nonyme). Elles permettent de limiter le risque uniquement au capital engagé. Ce sont de véritables barrières entre votre patrimoine personnel et les dettes de la société. Ce qui n'est pas vrai pour les sociétés en nom propre où les actifs et les passifs de l'entrepreneur sont confondus avec ceux de l'entreprise. Pour continuer à protéger vos arrières, vous pouvez également souscrire à des assurances chômage réservées aux créateurs d'entreprise, qui seront payées par la société elle-même. Vous n'aurez donc rien à sortir de votre poche.

Ensuite vous devez vous assurer de la solvabilité de vos clients. Dans le cas de clients particuliers, la meilleure des protections est de vous faire payer en espèces ou par carte de crédit, un chèque n'étant pas une garantie de payement. Pour ce qui est des clients entreprises, le jeu est complètement différent. Celles-ci demandent souvent à leurs fournisseurs de payer avec un délai de 30 ou 60 jours. Si vous acceptez cette règle du jeu, vous n'êtes plus fournisseur mais banquier puisque vous accordez un crédit.

Ce n'est pas parce que vous croyez connaître votre client qu'il vous payera. J'en ai fait l'amère expérience car c'est précisément pour cette raison que j'ai déposé le bilan. Lorsque je vendais du matériel informatique, j'entretenais d'excellentes relations avec l'un de mes plus gros clients. Étant donné que je n'avais aucun problème de paiement de sa part, je lui accordais plus facilement des délais de paiement. Ses locaux jouxtaient un immeuble qui eut la mauvaise idée de s'écrouler sur ses bureaux. De toute évidence les assurances allaient le dédommager et couvrir les conséquences de cet accident. Mais l'enquête, pour déterminer les responsabilités et les montants des dédommagements, dura plusieurs années. Par manque de capitaux et dans l'impossibilité d'exploiter son affaire, mon client fut contraint de fermer boutique et m'entraîna dans sa chute.

Ma faillite fut la conséquence de deux choses :
- 50 % de mon risque était concentré sur un seul client ;
- j'ai joué avec le feu en accordant des délais de paiement trop longs.

Depuis cette douloureuse expérience, je ne fais plus aucun crédit sans un minimum d'assurance de paiement. Aujourd'hui, je préfère ne pas vendre plutôt que de prendre un risque.

« Je suis d'accord avec vous, mais personnellement je dirige une entreprise. Si je ne donne pas de délai de paiement à mes clients je vais tous les perdre. »

Je ne suis pas en train de vous dire qu'il ne faut pas accorder de crédit à vos clients. Je dis seulement que vous devez savoir quel rôle vous souhaitez assumer : fournisseur ou banquier. Je vous concède également que ma réaction est épidermique et pourrait être plus nuancée.

Il existe des solutions qui permettent d'utiliser le principe de l'ADA (**A**rgent **D**es **A**utres) pour couvrir ce risque. Vous pouvez faire appel à des sociétés d'assurances spécialisées qui sont capables d'assurer les factures de vos clients en cas de sinistre, ou encore d'acheter immédiatement la créance de votre client et se charger du recouvrement 30 ou 60 jours plus tard. Ce sont les sociétés d'affacturage, appelées également factors.

Comme toutes les assurances cette prestation a un coût, qui n'entamera pas obligatoirement vos marges. Son coût réel étant représenté par la différence entre le prix facturé par le factor et votre coût de recouvrement en interne, en incluant le montant des impayés.

En tenant compte du fait que vos créances seront assurées et que vous serez payé immédiatement, vous pourrez récupérer une partie de cette prime d'assurance en négociant une remise supplémentaire auprès de vos fournisseurs pour paiement comptant. Non seulement vous récupérerez de la marge, mais vos fournisseurs vous avantageront par rapport à vos concurrents, tout simplement parce qu'ils ont également les mêmes soucis de gestion et qu'ils préféreront souvent être payés au comptant. Et dans le cas où la remise accordée par votre fournisseur ne serait pas suffisante, votre banquier se fera un plaisir de placer votre trésorerie excédentaire.

« Mais qu'est-ce qui nous empêche d'assumer nous-même le risque client ? »

C'est envisageable, mais tout dépend du niveau de marge que vous dégagez. Si vous vendez des ordinateurs avec 10 % de marge, vous devrez en vendre neuf, juste pour absorber un impayé. Si vos marges sont de 80 %, même s'il est très désagréable de recevoir un chèque en bois, seulement un quart de la marge dégagée sur le prochain client suffira à couvrir le sinistre.

Vous et votre travail

Je voudrais de nouveau revenir sur un point important qui concerne la plupart d'entre nous et qui représente la première source de création de richesses : notre travail et surtout notre capacité à travailler.

Que vous soyez employé ou à votre compte, pour tous ceux qui n'ont pas de patrimoine le travail est le premier actif qui permet de s'enrichir et d'accroître notre bien-être financier pour nous-même et notre famille. L'une des finalités de l'enrichissement peut être de moins travailler et de prendre une retraite anticipée. Mais pour arriver à vos fins, il est important de *savoir travailler* et optimiser vos efforts pour générer plus de revenus tout en tirant un meilleur parti de votre travail.

Aujourd'hui, dans tous les domaines d'activités, la concurrence est rude. Les emplois deviennent des sujets de convoitise pour des postulants toujours plus nombreux, générant un phénomène de précarité pour les plus malheureux. Cette concurrence entre les hommes et les pays (délocalisation) amène inévitablement des pressions baissières sur les salaires. Il devient donc primordial de protéger votre emploi en démontrant que vous avez votre place dans l'entreprise. Ce qui m'amène à dire qu'en protégeant votre emploi, vous protégez votre richesse tout en continuant de prospérer.

« Comment peut-on protéger un emploi ? »

La meilleure façon que je connaisse pour protéger votre premier actif, c'est de lui donner de la valeur en vous assurant que vous êtes le garant de cette valeur. Plus vous valoriserez votre emploi, plus vous en tirerez parti. Plus les utilisateurs de vos services et de vos compétences seront satisfaits, plus ils seront prêts à payer pour les garder ou les acquérir.

« Comment donner de la valeur à mon emploi ? »

La réponse n'est pas évidente au premier abord, mais je pense que vous serez vite d'accord avec mes arguments : pour valoriser votre emploi, le plus efficace c'est d'en faire plus que l'on vous en demande ! La plupart des gens rechignent à travailler parce qu'ils n'y trouvent aucun plaisir. Ils ne comprennent pas qu'ils peuvent tirer de leur travail beaucoup plus qu'un simple salaire et n'hésitent pas à tirer à boulets rouges sur leur patron en le créditant de tous leurs maux.

Au lieu de rechercher et de profiter des bons côtés de leur travail, beaucoup se focalisent sur les aspects les moins agréables. Plus ils se comportent de la sorte, moins ils ont envie de travailler et moins ils en font. Les conséquences sont inévitables :

- ils sont les derniers servis pour les augmentations de salaire. Ce qui ne fera que renforcer leur attitude négative ;
- si l'entreprise doit traverser une mauvaise passe, ils sont les premiers à être licenciés. Mettant ainsi en péril leur stabilité financière et leur capacité à s'enrichir.

Par conséquent votre attitude est importante et déterminante. Soyez assuré que vous ne deviendrez jamais indispensable à votre entreprise si vous travaillez moins que les autres. Moins vous donnerez de vous-même, moins vous recevrez. Cette règle est immuable et s'applique à beaucoup de domaines.

N'oubliez pas que vous travaillez avant tout pour vous-même avant de travailler pour un patron. Votre salaire représentant la récompense de votre travail et l'entreprise le cadre dans lequel vous évoluez. Votre objectif est de tout faire pour que la récompense soit la plus importante possible en fin de mois.

Regardons maintenant comment créer de la valeur avec votre emploi et générer plus de richesses au travers de la valorisation de votre travail.

Devenez une nécessité. Cette notion prend de nouveau toute son importance. En démontrant que votre présence est indispensable ou tout au moins fortement souhaitable à la bonne marche de l'entreprise, vous conforterez votre place.

Fournissez un travail irréprochable et vous aurez un avantage indéniable sur les autres. Sans compter que vous trouverez plus de plaisir à bien exécuter votre travail qu'à le bâcler pour vous débarrasser d'une corvée.

Donnez le meilleur de vous-même et vous en tirerez beaucoup plus que vous ne le pensez. Tout d'abord votre employeur finira immanquablement par reconnaître vos qualités de collaborateur et votre valeur pour l'entreprise. Ainsi vous serez en meilleure place au moment des augmentations et des promotions… qui ne feront que conforter votre place. Par ricochet, vous gagnerez à la fois l'estime et la reconnaissance de vos clients et fournisseurs.

Donnez plus à vos clients et ils feront toujours appel à votre entreprise et plus spécifiquement à vous. C'est un excellent moyen de montrer votre valeur et d'en créer pour l'entreprise. La logique est implacable : on préférera toujours s'adresser à une personne souriante prête à faire de son mieux pour satisfaire ses clients, plutôt qu'au grincheux de service. Au restaurant, qui reçoit le plus de pourboires ? Le serveur qui s'occupe de votre bien-être ou celui qui fait semblant de ne pas vous voir lorsque vous avez besoin de quelque chose ?

Rendez service à vos clients et/ou respectez vos fournisseurs. C'est le meilleur moyen d'élargir votre horizon. Si votre patron restait obstinément aveugle à vos qualités, croyez bien que vos concurrents, vos clients ou vos fournisseurs s'apercevront vite de ce que vous pouvez leur apporter et feront de la surenchère sur votre salaire actuel pour vous débaucher.

Spécialisez-vous. On ne fait bien que ce que l'on connaît bien, et un expert est toujours mieux payé qu'un simple exécutant. Focalisez-vous sur un domaine précis de l'entreprise et devenez-en le spécialiste. Non seulement vous deviendrez une référence et représenterez une valeur, mais vous serez également plus productif et efficace. Rendez-vous indispensable à la bonne marche de l'entreprise et vous serez mieux payé. Devenez le chaînon manquant et vous n'aurez plus de questions à vous poser pour vos lendemains.

En faisant plus que le *minimum syndical* vous vous enrichirez et deviendrez quelqu'un de respecté et de courtisé. Vous aurez bonne réputation et serez avantagé par rapport aux autres qui ne font rien de plus que le minimum. Conséquences : tout le monde voudra s'octroyer vos services et s'adresser à vous en priorité. Si vous êtes payé à la commission, vous gagnerez plus que les autres et vous n'aurez pas le temps de vous ennuyer.

Faites-vous un devoir de faire mieux que les autres et vous découvrirez que la plupart des gens seront désireux de vous payer plus cher. Plus vous développerez cet aspect, plus vous accroîtrez votre potentiel de création de richesse. C'est le même principe que l'intérêt composé. En tant que travailleur indépendant, vous pourrez vous permettre de choisir vos clients, de travailler avec ceux que vous préférez ou qui vous payent le mieux. Au final vous récupérerez de la liberté en travaillant moins tout en étant mieux payé.

Les cautions : la bombe à retardement

Autre aspect important qui peut se révéler extrêmement dangereux pour votre sécurité financière : les cautions. La règle à ce sujet est simple :

Que ce soit pour vous-même et surtout les autres, ne donnez JAMAIS aucune caution si vous n'êtes pas capable d'assumer sereinement la dette que vous garantissez.

Pour illustrer cette affirmation, je vais vous raconter la véritable et triste histoire d'anciens voisins : la famille G. Il y a une dizaine d'années, Jacques G dirigeait une petite entreprise de construction. À cette époque l'immobilier était en pleine crise. Pour maintenir à flot son entreprise, qui perdait de l'argent depuis plusieurs années, Jacques emprunta 150 000 euros. Pour garantir le prêt, il hypothéqua sa maison en faveur de la banque. Un an plus tard la société déposa le bilan et Jacques décéda d'une crise cardiaque à 40 ans (excès de stress et de soucis), laissant une veuve et deux enfants à la rue après qu'ils aient vendu la maison pour rembourser la banque.

Le malheur n'arrive pas qu'aux autres. Tant qu'il ne se passe rien, nous ne pensons pas aux éventuelles conséquences désagréables de nos actes. Lorsque les ennuis arrivent, il est souvent trop tard. Sans vouloir jouer les oiseaux de mauvaise augure je vous recommande (je devrais dire : je vous ordonne) très vivement de…

Ne jamais mettre vos biens et surtout vos NÉCESSITES en garantie d'un passif…

« Mais dans ce cas le prêt n'était pas superflu, puisqu'il permettait d'entretenir un actif, en l'occurrence sa société. »

L'entreprise est un actif à partir du moment où elle gagne de l'argent. Si elle en perd et que vous contractez un emprunt pour la faire vivre, vous ne faites que financer un passif. C'est économiquement suicidaire.

En ce qui concerne les autres, si vous vous portez caution pour autrui, leurs éventuels problèmes deviendront les vôtres. Sans compter que c'est le meilleur moyen de perdre ses amis. Lorsque tout va bien nous avons vite fait d'oublier la signature apposée au bas d'un contrat de prêt. En revanche, dès que le banquier vous appelle pour régler le crédit de votre nièce, les choses deviennent un peu moins réjouissantes. Si vous avez besoin d'être convaincu, regardez l'émission de Julien Courbet sur TF1. L'animateur et son armée d'avocats essayent, entre autres choses, de régler les problèmes financiers des personnes qui ont bien voulu se porter caution pour des proches qui sont incapables ou qui n'ont pas la volonté de rembourser leurs créditeurs.

Ne négligez pas ces conseils et recommandations. Ils n'ont pas d'autres objectifs que de vous protéger contre les imprévus de la vie. En cas de réussite vous les trouverez certainement inutiles et futiles. Mais si les problèmes pointent le bout de leur nez vous vous sentirez certainement plus à l'aise et moins stressé.

Revenons au sujet principal de ce chapitre : la protection de votre richesse. Vous l'avez compris, que ce soit au travers des placements, de l'immobilier, de la bourse ou de l'entreprise, vous êtes le point central et la tête pensante de toutes les décisions économiques qui doivent contribuer à votre enrichissement. Il reste tout de même une question à laquelle vous devez être capable de répondre : qu'est-ce qui vous pousse à vous enrichir ? Est-ce la volonté d'améliorer votre avenir, ou la pression d'un sentiment pernicieux comme la cupidité?

Les escrocs

Je vais vous raconter la mésaventure survenue à beaucoup de personnes dans le monde et qui vous fera certainement sourire par son côté naïf. Peut-être avez-vous vu cette émission où un couple racontait comment il s'était fait escroquer par des individus peu scrupuleux. Nos deux héros avaient été contactés par télécopie par un soit disant héritier qui devait sortir 5 millions de dollars de son pays. Pour des raisons légales seul un étranger avait le droit de sortir cet argent. La personne contactée devait simplement ouvrir un compte dans une banque désignée et virer l'argent en toute légalité hors du pays. En échange de ce service, l'heureux élu se verrait remercier par une commission de 20 %.

Durant tout le reportage, le couple expliquait comment les escrocs avaient, petit à petit, réussi à leur soutirer plus de 200 000 euros, en prétextant qu'il fallait graisser la patte de différents fonctionnaires ou avancer certains frais d'avocats. Tout en assurant à nos deux pigeons que cela permettait de faire avancer leur affaire dans les meilleures conditions. Le plus cocasse, c'est que toute cette histoire s'est déroulée sans qu'ils ne voient jamais la tête de leur interlocuteur et sans lui parler de vive voix une seule fois! Toutes les « discussions » se déroulaient par télécopie. L'héritier déclarant que sa ligne était probablement sur écoute et qu'une conversation trop explicite risquait de compromettre leur affaire. Par contre tous les virements effectués par le couple en faveur de l'escroc étaient bien réels.

À la fin de l'interview, le journaliste demande naïvement « Pourquoi avez-vous fait cela? ». Le couple répondit tout aussi naïvement « Pour rendre service! ». Vous croyez vraiment qu'ils ont cherché à rendre service? Comment peut-on être assez c...upide pour croire un seul instant qu'un inconnu va vous donner un million de dollars parce que vous l'aidez à transférer son argent!

C'est l'appât du gain qui a poussé ce couple à la faute, pas leur bonté d'âme. Dans ce cas bien précis son prix était de 200 000 euros. Ne croyez pas que ce soit un cas isolé. C'est une escroquerie qui sévit dans le monde entier depuis des dizaines d'années. Vous trouverez sur le site: www.toutlemondemeritedetreriche. com/infos.htm, le texte d'une arnaque similaire que des escrocs envoient en masse par Internet, et que vous avez peut-être déjà reçu. Si cela vous amuse vous pouvez y répondre. Je décline toutes responsabilités quant au résultat et ses conséquences.

Les conclusions de cette anecdote sont multiples. Tout d'abord, méfiez-vous de vous-même et de votre cupidité. Elle peut vous pousser à la faute lors de vos choix économiques (prise de risque important, effet de levier exagéré, etc.) et vous mener à des extrémités que vous ne soupçonnez pas. L'exemple cité est volontairement caricatural et a pour but de vous faire sourire. Mais il démontre qu'un enrichissement à outrance peut être une source de tourments très douloureux pour votre compte en banque. Il n'existe aucun placement, légal ou normal, qui vous permettra de devenir riche en cinq minutes. Si quelqu'un vous affirme le contraire et vous propose l'affaire du siècle, c'est soit un illuminé soit un escroc. Après c'est à vous de voir.

Chapitre 10

DEMANDEZ ! ON VOUS DONNERA

Qui meurt de honte, meurt de faim.
Proverbe africain

Maintenant que nous nous connaissons un peu mieux, je vais vous dire comment j'ai pris l'avion pendant dix ans en me faisant surclasser presque systématiquement.

« Vous voulez nous faire croire que vous voliez en première classe avec un billet de seconde ! »

Je vous assure que c'est vrai à 100 %. Et vous auriez pu en faire autant. À condition de savoir comment le demander et à qui. Rien de plus !

Il y a quelques années, les compagnies d'aviation avaient pour habitude de surclasser les agents de voyage pour les remercier de vendre leurs billets. Donc à chaque fois que je prenais l'avion je me présentais au comptoir et demandais au superviseur ou au chef d'escale à être surclassé sous prétexte que j'étais agent de voyage.

« Mais vous n'avez jamais été agent de voyage ! »

Et alors ! Était-ce une raison suffisante pour m'empêcher de le faire ? Certains diront que j'ai eu de la chance (relire le chapitre à ce sujet) d'autres penseront que j'ai beaucoup de culot. Pourtant j'ai fait exactement ce qu'il fallait pour boire du champagne en première classe. Plus sérieusement, ce qui ressort de cette anecdote c'est que...

Si vous ne demandez rien, vous n'aurez rien...

Et d'une manière plus générale, si vous ne demandez rien à la vie elle ne vous donnera pas grand-chose. Même pas l'heure ! À votre avis, qui a le plus de chance d'obtenir une augmentation? L'employé audacieux qui n'hésite pas à réclamer ou celui qui reste fièrement dans son coin en attendant que le monde daigne reconnaître ses talents. Ou encore, pensez-vous que le vendeur de voiture vous fera le meilleur prix possible pour la simple raison que vous avez une bonne tête?

« Oui, mais dans ce cas vous n'aviez pas le droit de voyager en première classe puisque vous n'étiez pas agent de voyage ! »

J'avais autant le droit que les véritables agents de voyage. Il n'y a aucune loi qui dit que ces derniers doivent être surclassés. C'est seulement une coutume, pas une obligation légale. Sans compter que je n'ai lésé personne. Donc pourquoi eux plus que moi?

Culot ou courage

Nous avons tous les capacités d'obtenir plus que le minimum. C'est un talent accessible à tous qui ne vous coûtera rien et qui augmentera votre pouvoir d'achat. Vous n'avez pas besoin d'être plus intelligent ou plus malin que les autres. Vous devrez juste sortir de votre coquille au bon moment et ne pas hésiter à demander un meilleur prix, une réduction ou un avantage quelconque.

Bien que cela soit assez facile, par peur du ridicule ou timidité, peu de personnes osent et obtiennent ce qu'elles méritent, ou ne font rien pour que les choses deviennent plus accessibles. Très souvent beaucoup d'entre nous se contente de demander le prix au vendeur. Si celui-ci ne leur convient pas, ils repartent déçus, résignés et frustrés de voir que les autres peuvent se le payer, mais pas eux. Alors que dans bien des cas, le premier prix annoncé n'est qu'un point de départ.

Dans la vie vous n'obtenez jamais ce que vous méritez, uniquement ce que vous négociez.

Ayez le courage de demander et vous obtiendrez plus que les autres. Vous avez tout à gagner et pratiquement rien à perdre. La seule chose que vous risquez c'est que l'on vous dise non, sans pour autant remettre la transaction en question. Il vous suffira peut-être de reformuler votre demande, de demander à une autre personne ou d'être un peu moins exigeant.

« Pourquoi dites-vous que vous 'preniez l'avion'. Vous n'utilisez plus ce subterfuge? »

Très honnêtement, il y a longtemps que je n'ai pas essayé. Depuis que je peux me payer mes voyages en première classe je suis moins motivé. Et cela ne m'amuse plus autant qu'auparavant.

Combien vous coûte votre manque de courage ?

En revanche, si vous avez besoin de motivation pour vous pousser à changer votre comportement, je vous propose de calculer ce que vous coûte votre manque d'audace. Supposons que vous soyez prêt à faire l'acquisition d'un charmant 3 pièces au prix de 150 000 euros. En négociant avec la banque un prêt à 4 % au lieu de 4.5 % sur 20 ans, vous économiserez 9 600 euros sur le coût total du crédit (remboursement des intérêts et du capital). La négociation continue avec le propriétaire. Disons que vous obtenez une réduction de 5 % sur le prix demandé. Dans ce cas votre nouveau crédit sera calculé sur 142 500 euros. Soit une économie totale de 20 508 euros à comparer avec le coût du crédit initial et le prix non négocié de l'appartement.

À votre avis, ces 20 000 euros sont mieux dans votre poche ou dans celle votre interlocuteur? Peut-être même que sans négocier le prix de l'appartement la charge du crédit aurait dépassé la barre des 33 %, vous empêchant ainsi d'acquérir et de vous enrichir. Sans compter que moins vous payerez cher, plus vous aurez de latitude sur le prix au moment de revendre.

Besoin d'un coup de pouce supplémentaire? Supposons que le total des rabais que vous obtenez au cours de l'année soit de 1 000 euros. En plaçant à 5 % chaque année ces 1 000 euros, au bout de 10 ans vous seriez en possession de 13 206 euros.

« Jusqu'à combien peut-on négocier, ou quelle est la marge de négociation? »

Il y a tellement de raisons pour qu'une négociation aboutisse ou échoue que je ne peux répondre précisément à cette question.

Partez déjà du principe que presque tout est négociable. Ensuite il faut comprendre que la négociation est un jeu subtil et que les transactions qui en découlent sont issues de relations humaines.

Même si les deux parties ont des intérêts convergents qui les poussent à conclure, vous ne saurez jamais ce qui se passe dans la tête de votre interlocuteur. Celui-ci peut être pressé, ou il sait qu'il vend trop cher et se réserve une marge de manœuvre, ou encore sa femme se refuse à toutes négociations. Impossible de savoir ce que pense le vendeur et quelles sont ses limites, en considérant qu'il les connaisse réellement. Ce qui est loin d'être évident.

Une entente sur un prix se fait par approximations et évaluations, en fonction des concessions, de la bonne volonté de chacun et surtout du degré d'urgence. Si je reprends l'exemple de la banque qui refusait de me prêter mon argent, le prix de départ de la maison était de 400 000 euros. Je montrais à l'acheteur que j'étais intéressé, mais sans formuler de contre-proposition. Après réflexion j'étais disposé à proposer 350 000 euros. Mais le vendeur me prit de court et vint lui-même me relancer chez moi (j'habitais à cinq cents mètres). À ce moment je me suis dit qu'il était vraiment très pressé de vendre. Au final, je proposais la somme de 280 000 euros qu'il accepta immédiatement. Par la suite j'appris que ce dernier avait déjà acheté une maison en Bretagne depuis plus de six mois et qu'il ne pouvait supporter deux crédits en même temps.

Ne croyez pas que j'arrive à mes fins à tous les coups. Je me suis souvent fait reconduire pour des sommes très inférieures. Mais comme je vous l'ai dit, vous n'avez pas besoin d'acheter tout le quartier. Une seule transaction suffit pour commencer à s'enrichir durablement.

Je peux également vous dire qu'il est plus difficile de négocier avec les particuliers, car ces derniers n'ont pas l'habitude de faire des transactions. Ils sont donc souvent sur la défensive et se sentent facilement offusqués ou vexés s'ils trouvent le prix trop bas, même si celui-ci correspond à la réalité du marché. C'est pour cela que je préfère acheter au travers des agences immobilières et m'en passer lorsque je cherche à vendre.

Avec qui négocier

Il y a une condition *sine qua non* à l'aboutissement d'une négociation :

Il faut que votre interlocuteur ait le pouvoir de décision.

Dans le cas contraire vous perdez votre temps. C'est pour cette raison que vous n'arriverez jamais à négocier le contenu de votre chariot avec la caissière du supermarché. Autre remarque, votre interlocuteur n'a pas besoin d'être le propriétaire du bien mis en vente. D'ailleurs, moins il sera impliqué plus vous aurez de chances d'obtenir satisfaction. Pour illustrer cette affirmation je vais vous raconter l'histoire d'une de mes transactions.

En 1995, je suis tombé par hasard sur un Anglais, appelons-le Sam, qui ne payait plus son crédit immobilier depuis trois ans. Pour une raison inconnue la banque ne saisissait pas la maison, alors que les intérêts continuaient de grossir. Sam voulait retourner vivre en Angleterre et vendre sa maison pour solder sa dette. Ne trouvant pas preneur, je lui proposai de me porter acquéreur à condition que je puisse négocier la dette avec la banque qui s'élevait à 2 500 000 francs. Après quelques hurlements de circonstances du banquier, je devins le nouveau propriétaire de la maison pour 740 000 francs, que je revendis 2 000 000 francs le lendemain de la signature finale chez le notaire.

« Pourquoi la banque a-t-elle accepté un prix aussi bas? »

En dehors du fait que la banque avait sûrement provisionné cette perte latente, c'est certainement parce que la personne qui s'occupait du dossier voulait en terminer, qu'elle avait le pouvoir de décider et surtout qu'elle n'en avait pas grand-chose à faire! Pour elle ce n'était qu'un contentieux à régler, pas une maison de 300 mètres carrée avec piscine.

Pour que ma proposition soit prise au sérieux et mettre toutes les chances de mon côté, il fallait agir dans les formes. J'ai donc engagé un avocat qui s'est chargé de contacter la banque créditrice pour mon compte en envoyant ma proposition accompagnée d'un chèque certifié par ma propre banque. Je pense sincèrement que c'est ce côté formel et surtout le chèque qui ont décidé la banque. Lorsque vous montrez que vous êtes capable de payer, vous arrivez plus facilement à vos fins en repoussant les limites du vendeur. C'est pour cette raison que je dis plus haut que les vendeurs ne savent pas vraiment jusqu'où ils sont capables de descendre.

Une autre façon de négocier consiste à proposer systématiquement des prix très au-dessous de la demande du vendeur. Je connais au moins une personne qui procède de la sorte. Il passe sa journée avec une agence qui lui montre vingt appartements différents. Il fait son choix et propose des prix 50 % inférieurs. Ça passe ou ça casse. Je dois bien admettre que cela lui réussit. Bien sûr, son taux de réussite est très faible mais comme il ne peut pas tout acheter, il n'a pas besoin qu'on lui dise oui à chaque fois. Personnellement, je n'aime pas jouer à ce petit jeu avec les particuliers. Par contre lorsque j'ai en face de moi une grosse institution comme les banques je m'en donne à cœur joie.

Comment perdre son temps

Un excellent moyen pour perdre son temps et son énergie c'est d'essayer de négocier avec quelqu'un qui n'est prêt à aucune concession, qui veut tout pour lui ou qui a des attentes irréalistes. Une anecdote à ce sujet. Une maison était à vendre pas très loin de chez moi. Son prix était de 150 000 euros et se vendit dès la première visite. Voyant cela, le propriétaire voisin mis en vente sa maison, strictement identique, dans la même agence au prix complètement irréaliste de 320 000 euros, en clamant bien fort qu'il n'était pas pressé et qu'il ne baisserait pas d'un centime. Malgré les appels à la raison des agences immobilières, il respecta sa ligne de conduite et refusa toutes les propositions inférieures. Deux ans après la maison est encore à vendre et il n'y a plus de visite. Les agences ayant autre chose à faire que de perdre leur temps.

Gardez une attitude positive

Un frein à la négociation provient du fait que nous avons souvent des *a priori* négatifs sur l'issue de la discussion. En pensant ou en décrétant à l'avance que vous n'y arriverez pas, vous faites tout pour ne pas y arriver. Au final vous vous êtes tellement autodécouragé que vous n'essayez même pas.

Tenter sa chance ne veut pas dire que vous arriverez à vos fins, mais…

Si vous n'essayez pas vous ne saurez jamais ce que vous pourrez obtenir...

Par expérience je peux vous dire que ces *a priori* sont purement subjectifs et constituent des barrières psychologiques que vous avez vous-même érigées. Laissez-moi vous donner un nouvel exemple d'actualité, où les circonstances n'étaient pas à mon avantage. Entre le moment où j'ai commencé et terminé ce livre, pour être fidèle au plan de gestion de mes ressources (voir chapitre 2), j'ai réussi à faire baisser mon loyer de 8 %. Soit 3000 euros par an. Bien que mon voisin paye 200 euros de plus par mois pour exactement la même maison, j'ouvrais la négociation en prétextant simplement que je trouvais le loyer trop cher. Étant donné que j'étais déjà dans les lieux et lié par un bail, le propriétaire n'avait aucune raison de m'accorder cette faveur. Ce qui occasionna une première réponse négative, mais qui ne m'empêcha pas de revenir à la charge en déclarant que je souhaitais partir tout en lui rappelant au passage que sa maison était restée vide pendant un an avant mon arrivée, et qu'il avait eu le temps de constater que j'étais parfaitement solvable. Résultat : je paye aujourd'hui 250 euros de moins !

Encore une fois, vous ne savez pas quelles sont les limites et les motivations de votre interlocuteur. À moins d'être capable de lire dans ses pensées vous ne saurez jamais ce que vous perdez si vous n'essayez pas de le savoir. Dans bien des cas, il suffit simplement de demander.

Comment négocier

Bien que le sujet soit vaste, je peux vous donner quelques trucs que j'utilise régulièrement. À vous de les adapter à chaque situation.

Respectez votre interlocuteur. Dans une négociation la forme de la demande est certainement plus importante que le fond. Celle-ci n'étant que le résultat de relations humaines, si vous vexez votre interlocuteur, ce dernier risque d'être sourd à vos demandes. Si vous arrivez en disant « votre voiture n'est pas terrible, mais je veux bien vous en proposer 30 % de moins », vous avez peu de chance de mettre le vendeur dans de bonnes dispositions à votre égard.

Évitez de formuler la première proposition. Ce n'est pas toujours facile, et quelquefois vous devrez provoquer le vendeur. Demandez-lui de faire un effort en prétextant que le prix dépasse un peu votre budget (il faut que la raison évoquée soit plausible, sinon vous ne serez pas pris au sérieux). Si celui-ci vous demande de faire une contre-proposition, vous savez déjà qu'il y a matière à négociation, sans que vous ayez une idée précise de la marge de manœuvre. En revanche s'il vous donne un autre prix, **n'acceptez pas tout de suite la première offre**. Il est probable que vous puissiez aller encore au-dessous.

Retournez le problème. J'ai souvent utilisé cette technique avec mes fournisseurs dans mes différentes entreprises. Au lieu de négocier directement le prix, je demandais quelles étaient les conditions à remplir pour bénéficier d'une réduction de 10 ou 20 %. De cette façon j'obligeais mon interlocuteur à se dévoiler en me donnant une nouvelle base de négociation, tout en ayant une idée plus claire sur sa marge de manœuvre.

Négociez un avantage. Que vous arriviez ou non à obtenir un meilleur prix, négociez des avantages. Demandez à votre banquier de faire un effort sur les frais de dossier de votre crédit, ou au vendeur de voiture de mettre un autoradio plus puissant.

Cherchez, vous trouverez bien quelque chose. Vous pouvez aussi lui demander quel cadeau il est prêt à vous offrir si vous vous décidez rapidement.

Conseil : Le travail des vendeurs est de vendre et de vous aider à acheter. Ils sont habitués et formés à la négociation. Par conséquent, n'hésitez pas. Néanmoins ce sont des personnes comme vous et moi. Si vous devenez trop insistant ou irrespectueux, vous risquez de les agacer et de ne rien obtenir. Sans garantie que vous l'obtiendrez, vous pourrez demander tout ce que vous voudrez si vous le faites avec le sourire. Donc, faites vos demandes poliment et sans agressivité.

Dernière recommandation pour clore ce chapitre. La négociation est un jeu subtil. Que vous soyez vendeur ou acheteur, si vous êtes partie prenante et que vous n'arrivez pas à vos fins, laissez-vous la possibilité de rebondir. Si vous fermez la porte par des positions très arrêtées vous coupez la communication et vous aurez beaucoup de mal à revenir dans le jeu tout en restant crédible.

Chapitre 11

À VOUS DE JOUER

Les choses ne sont pas réellement difficiles.
C'est de ne rien faire qui les rend difficiles.
Une Mamie à La TV

Tout le monde mérite d'être riche. Même vous ! Et soyez persuadé que personne n'est meilleur que vous et personne n'est plus intelligent que vous. Je répète : Personne n'est meilleur que vous et personne n'est plus intelligent que vous. Pourtant, une des premières raisons pour laquelle les gens n'ont pas confiance en eux et n'agissent pas est due à leur manque de résultats et de succès financiers. Au final ils développent (et cachent) un sentiment d'in fériorité avec la conviction que les autres sont meilleurs qu'eux. Croyez-moi c'est loin d'être le cas.

Regardez autour de vous. Dans la vie de tous les jours, dans les gestes les plus anodins, dans les contacts multiples que vous entretenez avec votre entourage familial ou professionnel. Avez-vous réellement l'impression d'être inférieur à vos collègues de bureau, vos cousins, vos amis ? À bien des égards nous sommes égaux. Pourtant, dès qu'il faut agir et s'engager certains doutent et pensent qu'ils sont moins bons que les autres. Enlevez-vous cette idée de la tête. Ce qui fait la différence c'est que certains agissent et d'autres non. Rien de plus !

Voulez-vous savoir comment et pourquoi je me suis vraiment enrichi ?

1/ J'ai toujours cru en moi parce que j'ai toujours pensé que *si lui est capable de le faire, il n'y a aucune raison que je ne puisse pas en faire autant.* Ce leitmotiv, n'étant pas uniquement dédié à l'enrichissement, et pouvant s'appliquer à l'ensemble des choses qui font notre vie de tous les jours.

2/ J'agis pendant que les autres parlent encore !

Est-ce que cela vous semble inaccessible ou difficile à reproduire ?

Toutes les idées et stratégies qui ont été présentées dans ce livre sont accessibles à la plupart d'entre vous et n'attendent qu'une seule chose : que vous les utilisiez ! Même si je me suis efforcé de les démystifier, elles sont de véritables tremplins vers un enrichissement et un avenir plus prospère. Les principes évoqués sont simples, efficaces et raisonnablement faciles à appliquer. Chacun d'eux est basé sur mes observations, mes expériences et mes confrontations avec plusieurs dizaines de personnes, riches ou pauvres, que j'ai eu l'occasion de rencontrer. Ils ont été testés et éprouvés. Ils fonctionnent pour les autres et fonctionneront pour vous... à condition que vous les mettiez en œuvre.

Mais vous devez être conscient que **la seule chose qui vous permettra réellement de vous enrichir ce n'est pas de prendre la décision de le faire, mais de le faire vraiment**. Seule l'action vous enrichira. Pas l'intention ni les bonnes résolutions.

Pour arriver à vos fins, voici ce que je vous propose :

Phase 1 : Payez-vous en premier et enclenchez le pilote automatique

Si vous n'aviez qu'une seule chose à retenir de ce livre, c'est de vous payer en premier. Quelles que soient les conditions, votre environnement, votre niveau de revenu, cela doit devenir votre **première priorité**. L'intérêt est multiple. Non seulement vous vous prémunissez contre les imprévus en vous achetant un peu de sérénité, mais c'est également la meilleure façon de construire votre avenir et votre richesse.

Bien que la compréhension et l'utilité de la chose ne devraient plus être un problème pour vous, je pense que c'est certainement le plus difficile à réaliser. Pourquoi? Tout simplement parce qu'épargner systématiquement chaque mois une partie de vos revenus demande une discipline sans faille, et c'est loin d'être le plus facile à faire.

Même si vous savez que cela vous mènera à la bonne destination, tant que vous n'aurez pas de réelle volonté de vous enrichir, ou tout simplement d'améliorer votre vie, chaque mois au moment de toucher votre paye, vous trouverez toujours une bonne raison de repousser votre plan d'enrichissement au mois suivant. Bien que nous découvrirons plus loin un outil qui vous aidera à épargner chaque mois sans vous poser de questions, je voudrais vous donner quelques éléments de motivation supplémentaires pour vous aider à prendre la bonne direction.

Commencez par vous poser les questions suivantes : qui devez-vous enrichir en premier? Votre voisin, votre employeur, ou vous-même? Si vous rencontrez des difficultés, qui viendra à votre secours? La caissière du supermarché? Le propriétaire de votre appartement?

Vous êtes la priorité PRIORITAIRE

Si vous êtes d'accord avec cette affirmation, payez-vous en premier et faites tout ce qu'il faut pour y arriver. **Faites-le maintenant**. Pas demain.

Pour continuer à enfoncer le clou, je voudrais vous montrer le chemin que prend votre argent lorsque vous vous payez en premier. Le schéma 7 représente la trajectoire idéale de votre argent pour créer de la richesse. En étant le premier à vous servir, vous vous octroyez la priorité. Ensuite viennent vos nécessités et en dernier lieu le superflu. L'objectif n'est pas de supprimer le superflu, qui représente souvent des éléments de plaisir, mais de faire en sorte que vous puissiez y accéder en vous préoccupant d'abord de votre avenir et en gérant au mieux vos ressources.

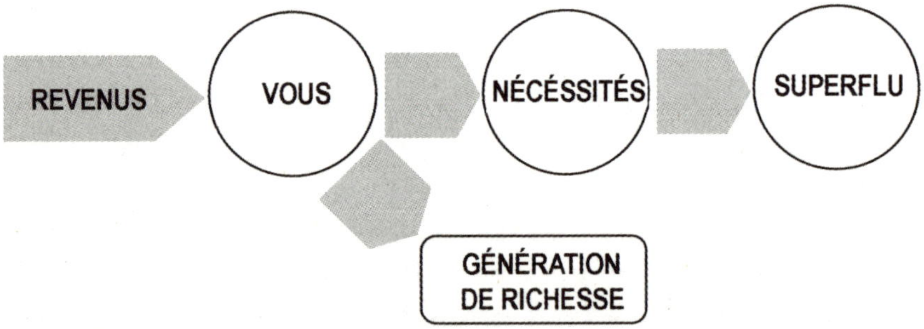

Schéma 7 : Trajectoire idéale de l'argent d'une personne qui se paye en premier et génère de la richesse.

Maintenant, jetez un coup d'œil au schéma 8. Celui-ci montre le trajet type effectué par l'argent de quelqu'un **qui se paye en dernier**. La priorité est donnée aux passifs, tandis que l'accumulation n'est qu'une éventualité reléguée au dernier niveau.

Schéma 8 : Trajectoire de l'argent d'une personne qui se paye en dernier.

Ne sous-estimez pas le message de ces quelques dessins. Ils ne font que vous dire pourquoi certaines personnes sont capables de s'enrichir, alors que d'autres n'y arriveront jamais, tout en espérant qu'une tierce personne (le gouvernement par exemple) s'occupera d'eux le moment venu.

Revenons à la difficulté de se payer en premier chaque mois. Pour résoudre ce problème je vous propose d'engager ce que j'appelle « le pilote automatique ».

Plus vous automatiserez les tâches, moins vous aurez besoin de vous en occuper, et moins vous aurez de raisons de changer d'avis au moment où vous devrez agir. Chaque fois que vous utiliserez cet automatisme, vous gagnerez du temps et ferez un pas en avant (**P**etits **E**fforts **G**ros **R**ésultats). Une fois enclenchée, votre habitude d'épargner chaque mois sera automatisée et facilement intégrable dans la gestion de vos ressources.

C'est avec votre banque que vous devrez mettre en route le premier pilote automatique. La procédure est simple. Posez le livre et décrochez votre téléphone pour demander à votre banquier de virer systématiquement au moins 10 ou 15 % de votre salaire le premier du mois, vers le placement de votre choix. C'est le même principe qu'il utilise lorsqu'il prélève chaque mensualité de votre emprunt. En gros, demandez à votre banquier de vous aider à vous payer en premier.

Un crédit pour l'achat d'un actif est un formidable pilote automatique, puisqu'il crée une *bonne* obligation qui vous oblige à vous enrichir au fil du temps.

Même chose pour l'acquisition d'un appartement. Demandez à votre locataire de verser directement le montant du loyer sur votre compte. L'idéal étant d'organiser avec lui un prélèvement automatique. Ainsi vous n'aurez plus à attendre son chèque, même s'il vous reste à vérifier que l'argent est bien arrivé.

Phase 2 : Le grand nettoyage

Pour commencer à vous enrichir et déterminer vos objectifs, il faut que vous sachiez exactement où vous en êtes. Tant que vous ne serez pas passé par cette étape, vous n'aurez aucune idée précise de vos possibilités. Vous remarquerez au passage que j'ai indiqué que vous deviez vous payer en premier dans la phase 1, et non pas après *le grand nettoyage*. Les raisons sont simples : d'une part vous avez moins de risque de dépenser ce qu'il n'y a pas sur votre compte, d'autre part vous serez obligé de dépenser autrement pour ne pas passer dans le rouge.

Avant de passer à l'action, faites un bilan complet de votre situation. Listez toutes vos rentrées et surtout vos dépenses, et fixez-vous comme objectif de tout faire pour liquider vos passifs et favoriser les acquisitions d'actifs.

Liquidez vos crédits. Pour nettoyer vos comptes, la première chose à envisager est de vous débarrasser de tous les crédits qui vous ont servi à acquérir des éléments de passifs. Rappelez une nouvelle fois votre banquier et demandez-lui de supprimer tous les découverts autorisés et remboursez vos crédits en donnant la priorité à celui où il reste le plus d'intérêts à payer. Même si le remboursement est partiel, faites-le. Ainsi vous dégagerez des excédents, tout en allégeant le boulet que vous traînez chaque jour. Une fois que vous aurez remboursé tous vos crédits à la consommation, attaquez-vous au crédit de votre résidence principale.

Videz vos placards et vos greniers. Vous n'imaginez pas tout ce que nous accumulons et que nous n'utilisons plus. Si vous avez déjà effectué un déménagement, vous êtes vous aperçu du nombre de choses emmagasinées que nous ne déballons même pas une fois arrivé dans notre nouvelle habitation.

Si vous êtes à la recherche de liquidités pour rembourser vos crédits ou tout simplement pour commencer à créer de l'accumulation, vendez tout ce qui ne vous sert pas ou que vous n'utilisez plus. Résiliez les abonnements inutiles, vendez vos livres d'occasion, videz vos caves. Utilisez les sites de vente aux enchères ou les braderies pour vendre vos vieux téléphones ou les vêtements trop petits des enfants. Et si vous croyez (comme moi) que l'essence sera de plus en plus chère, vous pouvez même envisager de changer de voiture. Cherchez, fouillez, posez-vous des questions sur l'utilité réelle des choses. Vous serez étonné de voir tout ce que vous avez en trop qui dort dans vos placards. Même si la liquidation de vos biens inutilisés ne rapporte que quelques centaines d'euros, faites-le. Une casserole convertie en espèces sonnantes et trébuchantes, rapportera toujours plus qu'une casserole que vous n'utilisez pas.

Identifiez vos actifs. Jetons maintenant un coup d'œil à vos actifs. Dans un premier temps vérifiez qu'ils le sont vraiment, en vous assurant qu'ils rapportent plus que l'inflation (Valeur Temps). Si ce n'est pas le cas, regardez s'il n'y a pas un autre moyen de rendre vos liquidités plus productives. Si vos économies sont essentiellement placées sur des livrets d'épargne, limitez ces disponibilités au strict nécessaire pour couvrir vos besoins à court terme, et placez les excédents sur des véhicules plus rentables.

Ne vous amusez pas à casser un investissement pour la simple raison que vous en avez assez de le voir, ou que vous en avez trouvé d'autres plus rentables. Les rendements étant souvent différents d'une année à l'autre, vous ne saurez jamais à l'avance lequel sera le plus performant pour les mois à venir. Si vous tenez à sortir d'un placement déjà engagé pour investir sur un autre, vous devrez tenir compte de tous les frais attenants, à savoir : les frais de sortie éventuels et les droits d'entrée possibles du nouveau placement envisagé.

Appréciez la valeur des choses. Identifiez toutes vos dépenses. Classez-les en deux catégories : nécessité et superflu. Analysez chaque poste en tenant compte du rapport coût/utilité, et posez-vous la question de savoir si vous en avez réellement pour votre argent. Vous serez certainement surpris de constater que pour certaines catégories vous dépensez trop d'argent pour le plaisir qu'elles apportent ou l'utilité que vous en avez. C'est souvent le cas avec les télécommunications modernes. Ces dernières ont induit un coût supplémentaire dans notre vie, avec l'arrivée des téléphones portables et Internet. Cela ne veut pas dire qu'il faut refuser la technologie. Bien au contraire. Mais celle-ci à un coût, qui n'existait pas il y a quelques années, que vous devez gérer aujourd'hui et apprécier à sa juste valeur.

Une fois que vous aurez identifié toutes vos sources de dépenses, il vous restera à construire un budget uniquement basé sur vos nécessités, pas le superflu, tout en considérant que **votre priorité** (je sais, j'insiste) est de vous payer en premier, et que votre objectif est d'avoir des excédents pour vous offrir le superflu qui matérialisera la récompense de vos efforts de gestion.

Un mot sur les budgets. Leur tenue demande de la discipline et de la constance. Par expérience je sais que peu d'entre nous sont vraiment capables de gérer un journal de bord sur de longues périodes. Même si vous êtes plein de bonnes intentions, pensez-vous être capable de comptabiliser vos dépenses inlassablement jour après jour pendant des années? Au bout d'un moment vous craquerez. Rassurez-vous ce n'est pas grave. Vous faites partie des 90 % d'individus, moi y compris, qui préfèrent passer leur temps à faire autre chose que tenir des comptes.

Cela ne doit pas pour autant vous donner une excuse pour ne pas gérer vos finances. Il faut seulement que vous trouviez un moyen de le faire sans que cela soit rébarbatif. Au final, le meilleur moyen de tenir un budget c'est... de ne pas en tenir! Le mieux que vous ayez à faire c'est de ne pas utiliser les découverts, de payer en priorité vos nécessités, de surveiller régulièrement ce que vous avez sur votre compte et de ne jamais franchir la ligne rouge.

Phase 3 : Investissez

En matière d'investissement il n'y a pas une seule solution, mais une multitude de possibilités. Votre choix dépendra essentiellement de vos affinités, de votre situation familiale, économique et surtout de votre aversion au risque. Par conséquent, les investissements qui me conviennent ne seront pas obligatoirement adaptés à votre personnalité, simplement parce que nos sensibilités et nos situations sont différentes.

Il existe tout de même deux grands axes récurrents qui permettent de formuler diverses propositions et que vous devrez adapter à votre situation.

Premier axe : Quel que soit votre âge, si vous n'avez pas ou peu de charges à assumer du type passif ou familiales, vous avez intérêt à prendre des risques pour avoir un rendement important. Comme pour tous les autres scénarios, les options que je vous propose peuvent être cumulées ou utilisées séparément :

- placez votre épargne en bourse en utilisant la technique du CMR pour acheter une SICAV ou un fonds en actions. Dans les deux cas, mettez en place un pilote automatique et alimentez ce véhicule chaque mois ;
- endettez-vous sur le long terme et achetez un terrain. Si ce dernier est constructible regardez comment vous pourrez le diviser pour le revendre en plusieurs lots. Ou achetez une parcelle inconstructible et faites toutes les démarches possibles pour changer son statut. Vérifiez auparavant que la possibilité est réelle, tout en sachant que le changement de statut peut prendre plusieurs années. En compensation, le retour sur investissement sera très largement supérieur à la valeur temps ;
- achetez de l'immobilier. Le choix se fera essentiellement en fonction de votre situation. Suivant les prix du moment, envisagez d'acquérir votre résidence principale ou une *monnaie d'échange* (voir le paragraphe « que faire si vos revenus ne sont pas suffisants » dans le chapitre consacré à l'immobilier). Si vous êtes déjà propriétaire, achetez de l'immobilier locatif

sous forme d'appartements ou de parkings en fonction des sommes que vous souhaitez investir.

Deuxième axe: Il est basé sur les responsabilités que vous avez à assumer, ou si vous ne supportez pas le risque:

- privilégiez les placements du type assurance-vie avec des rendements sûrs et une garantie du capital;
- si vous êtes deux à travailler, placez un tiers de votre épargne en bourse au travers d'un fonds ou une SICAV actions;
- comme pour le scénario précédent, envisagez d'acheter votre résidence principale ou d'investir dans l'immobilier locatif.

Pour finir, n'oubliez jamais de protéger systématiquement tous vos actifs en utilisant les principes définis plus haut. Vous éviterez ainsi de ruiner des années d'efforts et de voir votre richesse partir en fumée.

Spécial 2006 : Acheter, ou non, de l'immobilier aujourd'hui

Je voudrais ouvrir ici une parenthèse sous forme d'avertissement. Je ne vous apprendrai rien en affirmant que l'immobilier est très cher en ce moment, et il serait légitime de se demander s'il est vraiment opportun d'investir dans ce domaine. Pour éviter des erreurs qui vous coûteront très cher, vous devez prendre certaines précautions. En dehors de l'achat de votre résidence principale, le critère essentiel est la rentabilité du loyer annuel par rapport au prix d'acquisition, majoré des frais de notaire. Vous devrez absolument rechercher une rentabilité minimum de 5 % si vous achetez du neuf, et d'au moins 7 à 8 % pour l'ancien (n'oubliez pas d'inclure les éventuels travaux), tout en sachant que les remises fiscales dont vous pourrez bénéficier doivent être prises en compte dans votre calcul de rentabilité. La mise en place de ce filtre vous permettra de ne pas acheter trop cher dans un marché en pleine explosion (bulle immobilière 2000-2006).

Autre recommandation pour limiter le risque et maximiser votre rentabilité : faites tout pour avancer le moins d'argent possible, et utilisez l'argent des autres au maximum, que ce soit celui du locataire ou de la banque en contractant un crédit total. Je ne vous dis pas que c'est facile, mais la récompense finale et potentielle est une excellente raison de vous battre. Sans comptez que vous minimiserez fortement le risque. Cette possibilité est fonction de l'état du marché. Si celui-ci est très dynamique, les banquiers vous prêteront facilement. S'il se tend, ils deviendront prudents et craintifs, et vous aurez plus de difficultés à emprunter. Sauf si vous avez de bonnes relations avec votre banquier et que celui-ci a confiance en vous.

Faites vos choix en faisant le maximum pour résoudre l'équation : **Loyer = Mensualité**, en incluant les abattements fiscaux dans ce calcul. Exemple : si votre mensualité de remboursement est de 700 euros, que le loyer est de 500 euros mais que vous économisez 200 euros d'impôts par mois, votre équation s'équilibre et la condition est remplie. Vous avez tout à y gagner. Non seulement vous abaissez votre risque mais vous minimisez l'effort financier à produire pour commencer à vous enrichir. Il est évident qu'en procédant de la sorte vous trouverez moins d'opportunités, mais elles auront une meilleure capacité d'autofinancement.

Encore un petit effort

Voilà, vous êtes riche ! Enfin presque. En tout cas vous savez comment vous enrichir. Mais pour réellement concrétiser vos rêves de prospérité, il vous faudra encore surmonter quelques obstacles que nous allons lister.

La peur de perdre de l'argent est certainement l'obstacle le plus important qui occasionne des remises en question et nous freine au moment où l'action est nécessaire. C'est également pour cette raison que certaines personnes ne s'enrichiront jamais. Leur peur de perdre étant plus grande que la motivation de s'enrichir, elles ne feront jamais rien pour favoriser leur avenir. Elles sont tellement focalisées sur leur peur qu'elles ne voient que les raisons pour lesquelles elles pourraient perdre de l'argent et jamais celles qui leur permettraient d'en gagner. La peur les paralyse tellement qu'elles n'arrivent plus à se poser les bonnes questions.

La peur nous aveugle et ferme l'horizon

Cette peur est déclenchée par deux choses :

- un manque de maîtrise et/ou de connaissance du domaine d'investissement envisagé ;
- une prise de risque trop élevée ou des engagements trop importants.

En ce qui concerne l'ignorance, il est évident que si vous ne savez pas ce que vous faites, ni sur quoi vous investissez vous aurez peu de chances d'exploiter correctement le sujet. Vous ne ferez rien d'autre qu'entretenir une appréhension qui vous empêchera de dormir et vous freinera au moment de prendre une décision.

Pour ce qui est du risque, il faut que vous admettiez dès aujourd'hui que celui-ci est indissociable de n'importe quel investissement. Ce qui implique, pour ne pas jouer à vous faire peur, que vous devrez adapter la taille de vos investissements en fonction de ce que vous pouvez supporter économiquement et psychologiquement.

Tout comme le risque, la peur fait partie du jeu et n'éliminera jamais le danger. Ce n'est pas parce que vous avez peur que vous perdrez de l'argent et ce n'est pas parce que vous êtes confiant que vous en gagnerez. Je dirais même que c'est le contraire : un excès de confiance ayant tendance à éliminer la prudence, alors que l'appréhension nous rend plus attentif.

Le risque faisant partie de l'avenir et donc de l'inconnu, il faut que vous appreniez à le gérer et à l'adapter à votre sensibilité. Vos investissements doivent être le reflet de votre personnalité, pas de celle de votre voisin. Il n'y a aucune honte à dire que vous êtes plutôt conservateur et que vous avez du mal à supporter le risque. Ce qui est ridicule c'est de perdre de l'argent parce que vous agissez à l'encontre de vos convictions.

Soyez persuadé que vous ne gagnerez jamais d'argent si vous n'admettez pas qu'il y a une possibilité d'en perdre. Nous avons démontré que plus la récompense est potentiellement élevée, plus le risque est important. Par conséquent ne provoquez pas la peur et limitez vos risques. Prenez votre temps et construisez votre confiance avant d'investir dans des véhicules dont le rendement est plus élevé.

Manque de temps. Certains n'investissent pas parce qu'ils ne prennent pas le temps de le faire ou considèrent que c'est trop de travail. Certes, s'enrichir demande un investissement personnel, mais qui reste minime en regard de ce qu'il peut rapporter. Rien ne tombera dans votre assiette si vous ne faites rien pour vous enrichir. Seule l'action vous permettra de vous offrir la maison de vos rêves, une grosse voiture ou des vacances aux Bahamas.

Si vous saviez le nombre de personnes que je connais qui sont plus intéressées par leur petit confort quotidien plutôt que de s'occuper de leur avenir, vous seriez effrayé. Et au risque qu'elle ne veuille plus garder mon chat lorsque je pars en vacances, je vais vous raconter une anecdote sur ma voisine.

Madame C., qui ne travaille pas, vient d'acheter un appartement dans le but de réaliser un investissement. Elle se plaignait qu'acheter un appartement prenait du temps. Rendez-vous compte, en temps cumulé et réellement occupé, il lui aura fallu deux journées avec le banquier pour mettre en place son crédit, prendre deux autres jours pour signer différents actes chez le notaire et une dernière journée pour acheter, sur plan, un appartement qui sera livré dans un an. Au final elle manifestait son mécontentement parce qu'elle avait passé cinq jours de sa vie pour acquérir un appartement qui vaudra 200 000 euros dans 15 ans, qu'elle aura fait financer en partie par la banque, le locataire et ses impôts. Elle râlait parce qu'elle allait s'enrichir et gagner 200 000 euros (à la fin du crédit) en cinq jours. Soit 40 000 euros par jour !

Il est évident que certains investissements vous prendront plus de temps que d'autres. Si vous voulez travailler le moins possible à votre enrichissement, placez votre argent à 5 % et attendez la retraite. Si vous êtes plus motivé et prêt à vous occuper un peu plus de votre richesse, cherchez un FCP ou une SICAV qui a surperformé le marché dans les dernières années, ou un appartement qui répond parfaitement à nos critères idéaux d'acquisition. Cherchez le meilleur crédit possible et prenez votre retraite 5 ou

10 ans plus tôt parce que vous aurez fait ce qu'il fallait. À vous de choisir.

Les conseilleurs ne sont pas les payeurs

Un des derniers obstacles qui reste à surmonter est issu de l'influence que vous subissez de votre environnement, et principalement des fameux conseilleurs qui ne sont jamais les payeurs.

Méfiez-vous des personnes votre entourage et sachez ne pas trop tenir compte de leurs avis. Je ne dis pas que leurs conseils ou mises en garde ont pour but de vous freiner volontairement (quoique dans certains cas...), mais ce qu'ils risquent de vous communiquer c'est surtout leur peur d'investir (vous en avez déjà assez avec la vôtre), la manifestation de leur ignorance, leur crédulité, leur jalousie et quelques fois de leur arrogance.

Je vais finir l'histoire de mon placement à 11,75 %. Après avoir découvert ces fameuses obligations, je proposais à un ami d'en profiter. Étant surtout habitué à placer son argent à 5 % celui-ci manifesta, dans un premier temps, un certain scepticisme sur le rendement annoncé. Lorsque je lui montrais qu'un effet de levier lui permettrait d'en tirer 18 %, il m'a vraiment pris pour un illuminé. Même en lui mettant sous le nez les papiers de la banque, il ne me croyait toujours pas. Pourquoi?

- Il ne savait pas vraiment ce que sont des obligations et la façon dont elles fonctionnent.
- Il ne connaissait rien aux effets de levier (je ne sais même pas s'il avait déjà entendu le terme auparavant).
- Il avait du mal à reconnaître son ignorance sur le sujet et n'osait pas l'avouer.

Conclusion : sachez tenir ou ne pas tenir compte de l'avis des autres. Observez les réactions de vos conseilleurs. Essayez d'identifier si elles sont la représentation de leurs peurs ou s'ils essayent d'imposer leur point de vue avant de voir votre intérêt. Vérifiez surtout qu'ils savent de quoi ils parlent. Tirez vos conclusions et forgez-vous des convictions objectives. Si vous vous laissez influencer vous ne ferez que partager leurs doutes.

Mais comment font-ils ?

Ce qui aurait tendance à nous faire douter de notre capacité à nous enrichir et nous fait penser que les autres sont meilleurs que nous, provient de l'observation de leurs signes extérieurs de richesse. Nous les voyons rouler dans de grosses voitures, payer le restaurant à tout le monde en affichant fièrement leur carte de crédit (couleur « or » bien sûr). Croyez-moi, dans bien des cas tout ceci est très loin de la réalité. Énormément de personnes vivent au-dessus de leurs moyens et privilégient le paraître avant d'être réellement. Ce que je veux dire par là, c'est qu'il ne faut pas vous laisser impressionner par la grosse voiture de votre voisin. Bien souvent elle appartient à la banque (emprunt) ou à la société pour laquelle il travaille. Sachez ne pas vous fier aux signes extérieurs de richesses. Ils sont faciles à acquérir par le biais des crédits à la consommation et difficile à rembourser (vous savez déjà pourquoi). Ils ne sont là que pour soigner une image extérieure ou flatter un ego qui n'est pas obligatoirement le véritable reflet du compte en banque de leur propriétaire. Croyez-moi, vous pouvez vous enrichir et faire beaucoup mieux que la plupart des gens.

Votre meilleur investissement : formez-vous !

Après que vous vous soyez payé en premier, votre premier investissement doit aller en direction de votre éducation financière. C'est la meilleure chose que vous ayez à faire. Développez vos connaissances et vous élargirez votre horizon. Mieux vous connaîtrez votre sujet, plus vous aurez de possibilités de vous enrichir et de saisir les occasions qui se présenteront. Si vous ne savez rien, vous ne ferez rien. Si vous ne savez pas reconnaître une bonne affaire et si vous ne savez pas quoi faire pour la financer, elle vous passera sous le nez.

Apprenez, car vous ne savez pas...
ce que vous ne savez pas !

Bien que j'ai démontré que l'école ne nous apprenait rien au sujet de l'argent, si vous savez parfaire vos connaissances, vous aurez une vision plus large du monde et ajouterez des cordes à votre arc. Plus vous en aurez plus vous pourrez rebondir le moment venu.

N'hésitez pas à vous documenter, lisez, allez dans des salons, participez à des séminaires, assistez à des conférences, surfez sur Internet. Il n'y a aucune limite et de plus en plus de possibilités d'apprendre.

Le meilleur moyen restant encore de demander conseil aux personnes qui ont déjà investi dans les domaines qui vous intéressent. Elles sont les mieux placées pour vous répondre. N'hésitez pas à leur poser des questions sous prétexte que vous pensez qu'elles ont des secrets bien cachés qu'elles ne voudront pas partager. Bien au contraire. Si je prends mon cas, dans ma famille tout le monde a vu que je prospérais. Pourtant personne ne m'a jamais demandé comment j'avais fait pour acheter mon premier appartement, ou pourquoi j'achetais des actions en bourse. Ils se contentaient d'observer mon parcours en pensant peut-être que j'avais de la chance.

En réalité je vous mens lorsque je dis *personne*. Les seules qui ont osé me poser des questions sont mes filles. Elles ont commencé à m'interroger lorsqu'elles se sont aperçues que leurs amis avaient une maison moins grande ou qu'ils partaient moins souvent en vacances.

Bien qu'elles soient encore étudiantes, elles placent leurs économies en bourse sur un fonds en actions et n'hésitent pas à l'alimenter dès qu'elles en ont l'occasion. Le plus étonnant c'est qu'elles ont plus d'épargne que des personnes qui sont dans la vie active depuis plusieurs années. Ne croyez pas pour autant que j'alimente leur compte. Tout ce qu'elles possèdent est le fruit des petits boulots du genre baby-sitting ou des billets donnés par les grands parents au moment des anniversaires. Ma contribution se résumant à fournir l'argent de poche et une éducation pour leur avenir.

Vous allez me dire «*oui mais c'est facile pour elles, puisqu'elles vous ont sous la main en permanence*». C'est vrai. Mais tout ceci démontre bien que votre enrichissement ou celui de vos enfants forme un tout avec l'éducation que vous leur apportez. Si vous ne les éveillez pas aux différentes notions économiques, vous ne ferez rien de mieux que l'école et ils n'apprendront jamais rien sur l'argent.

Je crois que j'ai oublié de vous dire quelque chose

J'espère sincèrement que ce livre vous aura apporté autant de plaisir que j'en ai eu à l'écrire. Si vous pensez qu'il vous a réellement apporté quelque chose, n'hésitez pas à l'offrir et à partager avec vos proches tout ce que vous avez appris. Je serais également heureux que vous me fassiez part de vos sentiments et je vous invite fortement à témoigner de vos expériences sur mon site Internet. Vous y trouverez d'autres récits qui vous permettront d'avancer dans la bonne direction et d'éviter certaines erreurs.

Il faut que vous soyez persuadé que s'enrichir n'a rien de mauvais en soi. C'est l'utilisation que vous ferez de votre richesse qui est important. En fonction des décisions que vous prendrez vous pourrez aider les autres, améliorer votre avenir et favoriser celui de vos enfants. C'est, à mon humble avis, la seule chose qui compte. Tout le reste n'est que futilité. Tant que je n'avais pas d'enfant, j'ai cherché à m'enrichir parce que je voulais avant tout être indépendant et vivre ma vie comme je l'entendais. Une fois nées, j'ai voulu m'enrichir pour que mes filles soient heureuses et ne pas me poser de questions pour leur avenir.

En écrivant ces derniers mots, je m'aperçois que j'ai oublié de vous dire une chose importante : Payez-vous en premier. ☺

À bientôt.

Olivier Seban

Vous souhaitez aller plus loin ? Alors, retrouvez Olivier Seban sur Internet et découvrez de nouveaux articles utiles pour vous enrichir et gérer vos finances www.toutlemondemeritedetreriche.com

REMERCIEMENTS

Je pense sincèrement que la rédaction d'un ouvrage qui parle de la vie des gens ne peut pas être le fruit d'un seul esprit. C'est pour cette raison que je tiens à remercier tous ceux qui ont bien voulu me faire part de leurs critiques et plus particulièrement Isabelle, Stéphanie, Véronique, Nathalie, Sylvie, la femme du Chinois. Du côté de la gent masculine, un grand merci à Vincent et son frère Robert, Olivier, Jérôme (dit le Chinois), Pierre et à Luc pour son aide précieuse.

RÉFÉRENCES BIBLIOGRAPHIQUES

Clason, S., The Richest Man in Babylon, Signet 2004 (1926).

Kiyosaki, R. I. et Lechter, S. L., Rich Dad, Warner, 2000.

Ils ont lu *Tout le monde mérite d'être riche*, voilà ce qu'ils en ont pensé !

Olivier Seban nous livre vraiment le secret pour vous enrichir. C'est tellement simple que chacun de nous peut le faire. Lisez ce livre, suivez ses conseils et il changera votre vie.

Vincent P.

Payez-vous en premier est une idée simple que tout le monde peut appliquer et qui fera la différence pour votre futur financier. Ignorez ce livre à vos risques et péril.

Muriel B.

Olivier Seban rend la compréhension du fonctionnement de l'argent simple, amusant et excitant. *Tout le monde mérite d'être riche* est un livre pratique et malin pour dominer votre argent au lieu du contraire.

Pierre R.

Tout le monde mérite d'être riche est un livre étonnant qui se lit en quelques heures et qui vous permettra d'agir immédiatement et efficacement pour vous enrichir.

Jean Hervé P.

Un livre simple et étonnant qui changera à tout jamais votre façon de voir votre argent. Bravo.

Elsa Z.

Merci pour cette leçon de réalisme qui démontre que l'enrichissement est uniquement la conséquence de nos actes et que nous avons tous la possibilité d'orienter notre destin. Un livre à mettre entre toutes les mains.

Pierre O.

Nous avons tendance à penser que l'enrichissement est réservé à ceux qui ont déjà de l'argent. Pourtant vous démontrez sans ambiguïté qu'il est à notre portée et qu'il suffit de réfléchir 30 secondes avant d'agir. Bravo pour le style clair et la pédagogie du livre.

Catherine P.

Bravo ! J'ai donc lu votre livre avec intérêt. Félicitations. Il est avant-gardiste, pédagogue et très agréable à lire (comme vos autres livres...). Félicitations encore une fois.
Alexandre C.

Tout le monde mérite de lire ce livre. Je l'ai dévoré en 2 heures avec un énorme intérêt. Tout est simple et limpide. Mon seul regret est de ne pas l'avoir découvert plus tôt.
Pascal B.

Votre livre devrait vraiment être enseigné à l'école ! C'est un chef-d'œuvre de clarté, de pédagogie et de bonnes idées. MERCI !
Jérôme D.

Vous auriez pu intituler ce livre *Comment s'enrichir sans rien connaître à la finance.* Bravo. Un livre d'utilité publique dont beaucoup devrait s'inspirer.
Jacques B.

Livre très agréable à lire et ça ne gâche rien... Le contenu est vraiment indispensable à quiconque souhaite s'occuper efficacement de ses finances et s'enrichir. C'est de loin le meilleur livre sur le sujet, en français comme en anglais. Aucun remplissage inutile. Chaque mot a sa raison d'être. Félicitations pour cet excellent ouvrage que je recommanderai à mon entourage.
Sébastien C.

Vous auriez dû écrire ce livre plus tôt ! Il est en train de changer radicalement ma façon de considérer l'argent et surtout de m'apprendre à le garder. C'est presque une révélation. Ce n'est rien que du bon sens finalement. Pourtant l'argent véhicule tant de choses différentes que notre attitude est souvent faussée et que nous ne faisons pas toujours ce qu'il faut dans notre intérêt.
Bruno E.

Achevé d'imprimer
sur les presses de la Nouvelle Imprimerie Laballery
58500 Clamecy
Numéro d'impression : 612160

Imprimé en France